개정판

めざす日本語 1

송수진 저

제이앤씨
Publishing Company

일본어의 문자

[청음]

·	あ행	か행	さ행	た행	な행	は행	ま행	や행	ら행	わ행
あ단	あ [a] ア	か [ka] カ	さ [sa] サ	た [ta] タ	な [na] ナ	は [ha] ハ	ま [ma] マ	や [ya] ヤ	ら [ra] ラ	わ [wa] ワ
い단	い [i] イ	き [ki] キ	し [shi] シ	ち [chi] チ	に [ni] ニ	ひ [hi] ヒ	み [mi] ミ		り [ri] リ	
う단	う [u] ウ	く [ku] ク	す [su] ス	つ [tsu] ツ	ぬ [nu] ヌ	ふ [hu] フ	む [mu] ム	ゆ [yu] ユ	る [ru] ル	
え단	え [e] エ	け [ke] ケ	せ [se] セ	て [te] テ	ね [ne] ネ	へ [he] ヘ	め [me] メ		れ [re] レ	
お단	お [o] オ	こ [ko] コ	そ [so] ソ	と [to] ト	の [no] ノ	ほ [ho] ホ	も [mo] モ	よ [yo] ヨ	ろ [ro] ロ	を [wo] ヲ

[발음]

ん
ン

[촉음]

っ
ッ

[탁음]

	が행	ざ행	だ행	ば행
あ단	が [ga] ガ	ざ [za] ザ	だ [da] ダ	ば [ba] バ
い단	ぎ [gi] ギ	じ [ji] ジ	ぢ [ji] ヂ	び [bi] ビ
う단	ぐ [gu] グ	ず [zu] ズ	づ [zu] ヅ	ぶ [bu] ブ
え단	げ [ge] ゲ	ぜ [ze] ゼ	で [de] デ	べ [be] ベ
お단	ご [go] ゴ	ぞ [zo] ゾ	ど [do] ド	ぼ [bo] ボ

[반탁음]

	ぱ행
あ단	ぱ [pa] パ
い단	ぴ [pi] ピ
う단	ぷ [pu] プ
え단	ぺ [pe] ペ
お단	ぽ [po] ポ

[요음]

	き [ki]	ぎ [gi]	し [shi]	じ [ji]	ち [chi]	に [ni]	ひ [hi]	び [bi]	ぴ [pi]	み [mi]	り [ri]
や [ya]	きゃ [kya] キャ	ぎゃ [gya] ギャ	しゃ [sya] シャ	じゃ [ja] ジャ	ちゃ [cha] チャ	にゃ [nya] ニャ	ひゃ [hya] ヒャ	びゃ [bya] ビャ	ぴゃ [pya] ピャ	みゃ [mya] ミャ	りゃ [rya] リャ
ゆ [yu]	きゅ [kyu] キュ	ぎゅ [gyu] ギュ	しゅ [syu] シュ	じゅ [ju] ジュ	ちゅ [chu] チュ	にゅ [nyu] ニュ	ひゅ [hyu] ヒュ	びゅ [byu] ビュ	ぴゅ [pyu] ピュ	みゅ [myu] ミュ	りゅ [ryu] リュ
よ [yu]	きょ [kyo] キョ	ぎょ [gyo] ギョ	しょ [syo] ショ	じょ [jo] ジョ	ちょ [cho] チョ	にょ [nyo] ニョ	ひょ [hyo] ヒョ	びょ [byo] ビョ	ぴょ [pyo] ピョ	みょ [myo] ミョ	りょ [ryo] リョ

머리말

본서는 일본어를 처음 배우는 자들을 위한 학습서이다. 그간 필자는 대학 강단에서 많은 학습서를 활용하여 일본어를 강의해왔다. 일부 학습서에서는 일본어 교육에 필요한 내용을 새삼 되돌아볼 수 있었다.

초급학습서란 문자와 발음, 나아가 학습 내용이 비슷할 수 있지만, 이를 단계를 밟아 체계적으로 제시하는 것은 쉬운 일이 아니다. 발음은 어떻게 이해하고 있느냐에 따라 교육 방법이 달라지고, 학습 내용 또한 일본어에 대한 이해 없이는 체계적 제시와 문법 사항 등에 대한 교육이 바르게 이루어질 수 없다.

본서는 일본어학 전공자로서 일본어에 대한 전문지식과 그간의 교육 경험을 바탕으로 하여, 일본어를 처음 배우는 학습자가 올바른 일본어를 습득할 수 있도록 꾸몄다.

본서가 초급용의 일본어 학습서이지만, 일본어를 배우는 목적이 일본어를 습득하여 일본인과의 대화를 실현하기 위함인 만큼, 반드시 알아야 할 내용을 빠짐없이 담았다. 초급용 일본어라 해도 학습해야 할 내용이 적지 않은 만큼 단계적이고 체계적인 제시를 통해 어렵지 않게 학습해 갈 수 있도록 힘썼다.

일본에 대한 이해 없이 일본어를 공부할 수는 없을 것이다. 따라서 본서는 단원마다 일본에 관한 각종 정보를 실어 일본문화에 대한 이해를 높일 수 있도록 했다.

본서의 일본을 소재로 하는 본문 대화는 본인이 그간 교육 현장에서 활용한 학습서의 일부를 원저자의 제안과 승인 아래 전면 재구성하여 일본인 교수의 점검을 거친 것이다.

한일양언어는 비슷한 부분이 많아 쉽게 이해되고 습득될 수 있다. 하지만 아무리 쉬워도 단어가 노력 없이 외워지는 일은 없다. 외국어 습득은 반복 학습에 있다. 단어를 외우고 문장을 끊임없이 읽어야 한다. 좋아하는 문구는 외워야 한다.

본서가 일본어 학습자들에게 좋은 안내서가 되기를 기대한다.

2021.12.15
코로나19와 싸우며
저자 송수진

차례

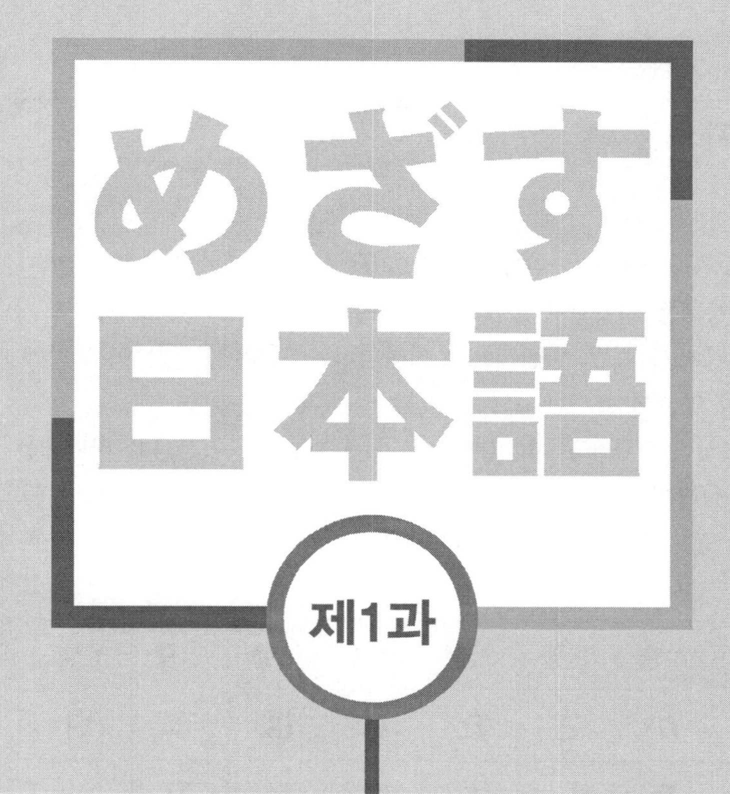

문자와 발음 1

1 문자

일본어는 한자(漢字)와 음을 나타내는 카나(仮名)를 문자로 사용한다. 한자는 중국어나 한국어와 달리 약자체를 사용한다. 카나에는 히라가나(平仮名: ひらがな)와 카따까나(片仮名: カタカナ)의 두 종류가 있어, 일반적으로 히라가나는 고유어의 일본어 표기에 사용하고, 카따까나는 외래어의 일본어 표기나 고유어의 강조 등에 사용한다.

일본어에는 오십음도(五十音図; 10행/5단)라는 일본어의 기본음을 나타내는 음절표가 있는데, 오십음도는 성격이 같은 모음과 동일하거나 유사한 자음 글자를 모아 행으로, 모음이 같은 글자를 모아 단으로 배열하여 구성하고 있다.

	あ행	か행	さ행	た행	な행	は행	ま행	や행	ら행	わ행
あ단	あ	か	さ	た	な	は	ま	や	ら	わ
い단	い	き	し	ち	に	ひ	み		り	
う단	う	く	す	つ	ぬ	ふ	む	ゆ	る	
え단	え	け	せ	て	ね	へ	め		れ	
お단	お	こ	そ	と	の	ほ	も	よ	ろ	を

2 일본어의 발음

[1] 모음

▍あ행

あ・い・う・え・お는 '아・이・우・에・오'로 발음하는데, 'う'는 입술을 내밀지 않고 비교적 평평하게 하여 발음한다. 즉 'う'는 입을 작게 하여 앞으로 내밀지 않는 상태에서 '우'로 발음하면 되는 것으로, 지나치게 '으'가 되지 않도록 한다.

仮名	あ	い	う	え	お
발음	a	i	u	e	o
예	あめ(비) あさ(아침)	いえ(집) こい(사랑)	うえ(위) あう(만나다)	えさ(먹이) まえ(앞)	おや(부모) かお(얼굴)

I や행

や・ゆ・よ는 '야・유・요'로 발음한다.

仮名	や	−	ゆ	−	よ
발음	ya	−	yu	−	yo
예	やま(산) へや(방)		ゆめ(꿈) かゆ(죽)		よる(밤) よめ(며느리)

I わ행

わ・を는 '와・오'로 발음한다. を는 현대어의 단어 속에 사용되는 일이 없고, 한국어의 '을/를'과 같은 의미의 조사로만 사용된다.

仮名	わ	−	−	−	を
발음	wa	−	−	−	o
예	わく(테두리) にわ(정원)				

[2] 자음

I か행

か・き・く・け・こ는 '카・키・쿠・케・코'의 발음에 가까우나 위치에 따라 달라진다.

*어두 : '가・기・구・게・고'를 강하게, 또는 '카・키・쿠・케・코'를 약하게 한 발음에 가깝다. '가・기・구・게・고'를 약하게 한 발음과는 다르다.

*어중・어미 : '까・끼・꾸・께・꼬'의 발음에 가깝다. '카・키・쿠・케・코'로 발음하는 경우도 있지만, '까・끼・꾸・께・꼬'를 약하게 발음하는 것이 원음에 가깝다.

仮名	か	き	く	け	こ
발음	ka	ki	ku	ke	ko
어두	카	키	쿠	케	코
어중・어미	까	끼	꾸	께	꼬
예	かな(카나) さか(언덕)	きり(안개) さき(먼저)	くに(나라) きく(국화)	けが(상처) かけ(내기)	こけ(이끼) よこ(가로)

が행

が・ぎ・ぐ・げ・ご는 '가・기・구・게・고'를 약하게(낮게/묵직하게) 한 발음에 가깝다. '카・키・쿠・케・코'나 '까・끼・꾸・께・꼬'로 발음해서는 안 된다.

仮名	が	ぎ	ぐ	げ	ご
발음	ga	gi	gu	ge	go
예	がけ(벼랑) きが(기아)	ぎり(의리) みぎ(오른쪽)	ぐち(불평) かぐ(가구)	げた(나막신) とげ(가시)	ごみ(쓰레기) まご(손자)

さ행

さ・し・す・せ・そ는 '사・시・스・세・소'로 발음한다.

仮名	さ	し	す	せ	そ
발음	sa	si	su	se	so
예	さけ(술) かさ(우산)	しま(섬) はし(다리)	すし(초밥) あす(내일)	せみ(매미) みせ(가게)	そら(하늘) みそ(된장)

ざ행

ざ・じ・ず・ぜ・ぞ는 '자・지・즈・제・조'에 가까우나, '사・시・스・세・소'가 발음되는 위치에서, 즉 '자・지・즈・제・조' 보다 약간 앞 쪽에서 발음한다.

仮名	ざ	じ	ず	ぜ	ぞ
발음	za	zi	zu	ze	zo
예	ざる(바구니) ひざ(무릎)	じき(시기) あじ(맛)	ずし(도시) みず(물)	ぜひ(꼭) かぜ(바람)	ぞう(코끼리) なぞ(수수께끼)

▍た행

た・ち・つ・て・と는 '타・치・쯔・테・토'의 발음에 가까우나 위치에 따라 달라지며, 'た・て・と', 'ち', 'つ'의 자음 발음은 서로 다르다.

「た・て・と」

'た・て・と'는 위치에 따라 발음이 다르다.

＊어두 : '다・데・도'를 강하게, 또는 '타・테・토'를 약하게 한 발음에 가깝다. '다・데・도'를 약하게 한 발음과는 다르다.

＊어중・어미 : '따・떼・또'의 발음에 가깝다. '타・테・토'로 발음하는 경우도 있지만, '따・떼・또'를 약하게 발음하는 것이 원음에 가깝다.

「ち」

'ち'는 '치'에 가깝지만, 어중・어미에서는 '찌'에 가깝다.

「つ」

'つ'는 '쯔'에 가깝다. '쯔'는 혀끝의 약간 뒷부분을 앞니 뒤(이에는 닿지 않음)의 입천장에서 발음하나, 'つ'는 혀끝을 앞니 뒷부분과 입천장 사이에 붙였다가 떼며 발음한다. 'つ'는 '쯔'에 비해 입천장의 약간 앞쪽에서 나오는 발음으로, 앞니 뒷부분에 혀끝이 닿지만, '쯔는 앞니 뒷부분에 혀끝이 닿지 않는다.

仮名	た	ち	つ	て	と
발음	ta	chi	tsu	te	to
어두	타	치	쯔	테	토
어중・어미	따	찌	쯔	떼	또
예	たき(폭포) はた(깃발)	ちず(지도) まち(거리)	つみ(죄) こつ(비결)	てら(절) たて(세로)	とら(호랑이) さと(마을)

▍だ행

だ・ぢ・づ・で・ど는 'だ・で・ど'와 'ぢ, づ'의 자음 발음이 서로 다르다.

「だ・で・ど」

'다・데・도'를 약하게(낮게/묵직하게) 한 발음에 가깝다. '타・테・토'나 '따・떼・또'로 발음해서는 안 된다.

「ぢ・づ」

'ぢ・づ'는 'じ・ず'에 합류되어 '지・즈'로 발음한다. 현대어에서 'ぢ'와 'づ'로 표기하는 단어는 매우 한정적이다.

仮名	だ	ぢ	づ	で	ど
발음	da	zi	zu	de	do
예	だれ(누구) はだ(피부)	はなぢ(코피) ちかぢか(곧)	きづく(깨닫다) てづくり(수제)	でし(제자) そで(소매)	どこ(어디) かど(모퉁이)

❙ な행

な・に・ぬ・ね・の는 '나・니・누・네・노'로 발음한다.

仮名	な	に	ぬ	ね	の
발음	na	ni	nu	ne	no
예	なし(배) はな(꽃)	にし(서쪽) おに(귀신)	ぬの(천) いぬ(개)	ねこ(고양이) かね(돈)	のり(김) つの(뿔)

❙ は행

は・ひ・ふ・へ・ほ는 '하・히・후・헤・호'로 발음하는데, 'ふ'는 로마자 'f' 음의 요소를 반영하여 아랫입술을 살짝 물 듯하여 발음한다.

仮名	は	ひ	ふ	へ	ほ
발음	ha	hi	hu	he	ho
예	はる(봄) さは(좌파)	ひび(나날) まひ(마비)	ふた(뚜껑) きふ(기후)	へい(담) へそ(배꼽)	ほし(별) にほ(두걸음)

❙ ば행

ば・び・ぶ・べ・ぼ는 '바・비・부・베・보'로 발음한다.

仮名	ば	び	ぶ	べ	ぼ
발음	ba	bi	bu	be	bo
예	ばか(바보) そば(옆)	びか(미화) さび(녹)	ぶた(돼지) かぶ(주식)	べに(연지) かべ(벽)	ぼろ(누더기) きぼ(규모)

ぱ행

ぱ・ぴ・ぷ・ぺ・ぽ는 '빠・삐・뿌・뻬・뽀'에 가까우나, '파・피・푸・페・포'로 발음하는 경우도 있다.

仮名	ぱ	ぴ	ぷ	ぺ	ぽ
발음	pa	pi	pu	pe	po
예	ぱらぱら (훌훌) パリ(파리)	ぴかぴか (반짝반짝) ピザ(피자)	ぷりぷり (탱탱함) プロ(프로)	ぺこぺこ (꼬르륵) ペア(쌍)	ぽかぽか (따끈따끈) アポ(선약)

ま행

ま・み・む・め・も는 '마・미・무・메・모'로 발음한다.

仮名	ま	み	む	め	も
발음	ma	mi	mu	me	mo
예	まど(창문) はま(해변)	みみ(귀) かみ(종이)	むら(마을) ぎむ(의무)	めし(밥) こめ(쌀)	もち(떡) いも(감자)

ら행

ら・り・る・れ・ろ는 '라・리・루・레・로'로 발음한다.

仮名	ら	り	る	れ	ろ
발음	ra	ri	ru	re	ro
예	らち(납치) さら(접시)	りす(다람쥐) もり(숲)	るす(부재중) まる(원)	れつ(줄) かれ(그)	ろじ(골목) どろ(진흙)

일본어의 한국어 표기

일본어의 한국어표기는 정부의 고시에 따라 이루어지는데, 이 표기는 일본어의 원음을 정확히 반영하고 있지 않아 한국인 학습자의 일본어 발음 습득에 많은 지장을 초래하고 있다. 일본어의 로마자 표기 또한 편의적인 것으로 일본어의 발음을 정확히 담아내는 것이 아닌데, 일본어의 로마자 표기를 한국어로 담아내는 경우가 많아, 상황에 따라 바뀌는 일본어 발음의 다양성을 반영하지 못하고 있다.

특히 청탁음의 구별과 특수음의 다양한 발음은 한국어로 반영할 여지가 높은 만큼, 글로벌 시대의 외국어교육이라는 측면을 고려하여, 향후 일본어의 원음을 반영하는 보다 충실한 한국어 표기법이 제정될 수 있도록 해야 할 것이다.

외래어표기법

[시행 2017. 3. 28.][문화관광부 고시 제2017-14호]

제1장 표기의 기본 원칙

제1항 외래어는 국어의 현용 24 자모만으로 적는다.

제2항 외래어의 1 음운은 원칙적으로 1 기호로 적는다.

제3항 받침에는 'ㄱ, ㄴ, ㄹ, ㅁ, ㅂ, ㅅ, ㅇ'만을 쓴다.

제4항 파열음 표기에는 된소리를 쓰지 않는 것을 원칙으로 한다.

제5항 이미 굳어진 외래어는 관용을 존중하되, 그 범위와 용례는 따로 정한다.

제2장 표기 일람표

외래어는 표 1～19에 따라 표기한다.

[표 1] 국제 음성 기호와 한글 대조표

자음		
국제 음성 기호	한글	
	모음 앞	자음 앞 또는 어말
p	ㅍ	ㅂ, 프
b	ㅂ	브
t	ㅌ	ㅅ, 트
d	ㄷ	드

k	ㅋ	ㄱ, 크
g	ㄱ	그
f	ㅍ	프
ʦ	ㅊ	츠
n	ㄴ	ㄴ
ŋ	ㅇ	ㅇ
h	ㅎ	흐

[표 4] 일본어의 가나와 한글 대조표

가나	한글	
	어두	어중 · 어말
ア イ ウ エ オ	아 이 우 에 오	아 이 우 에 오
カ キ ク ケ コ	**가 기 구 게 고**	**카 키 쿠 케 코**
サ シ ス セ ソ	사 시 스 세 소	사 시 스 세 소
タ チ ツ テ ト	**다 지 쓰 데 도**	**타 치 쓰 테 토**
ナ ニ ヌ ネ ノ	나 니 누 네 노	나 니 누 네 노
ハ ヒ **フ** ヘ ホ	하 히 후 헤 호	하 히 후 헤 호
マ ミ ム メ モ	마 미 무 메 모	마 미 무 메 모
ヤ イ ユ エ ヨ	야 이 유 에 요	야 이 유 에 요
ラ リ ル レ ロ	라 리 루 레 로	라 리 루 레 로
ワ (ヰ) ウ (ヱ) ヲ	와 (이) 우 (에) 오	와 (이) 우 (에) 오
ン		ㄴ
ガ ギ グ ゲ ゴ	가 기 구 게 고	가 기 구 게 고
ザ ジ ズ ゼ ゾ	자 지 즈 제 조	자 지 즈 제 조
ダ ヂ ヅ デ ド	다 지 즈 데 도	다 지 즈 데 도
バ ビ ブ ベ ボ	바 비 부 베 보	바 비 부 베 보
パ ピ プ ペ ポ	**파 피 푸 페 포**	**파 피 푸 페 포**
キャ キュ キョ	**갸 규 교**	**캬 큐 쿄**
ギャ ギュ ギョ	갸 규 교	갸 규 교
シャ シュ ショ	샤 슈 쇼	샤 슈 쇼
ジャ ジュ ジョ	자 주 조	자 주 조
チャ チュ チョ	**자 주 조**	**차 추 초**
ニャ ニュ ニョ	냐 뉴 뇨	냐 뉴 뇨
ヒャ ヒュ ヒョ	햐 휴 효	햐 휴 효

ビャ　ビュ　ビョ	뱌　뷰　뵤	뱌　뷰　뵤
ピャ　ピュ　ピョ	**퍄　퓨　표**	**퍄　퓨　표**
ミャ　ミュ　ミョ	먀　뮤　묘	먀　뮤　묘
リャ　リュ　リョ	랴　류　료	랴　류　료

제3장 표기 세칙

제6절 일본어의 표기

[표4]에 따르고, 다음 상황에 유의하여 적는다.

제1항 촉음[ッ] 촉음(促音) [ッ]는 'ㅅ'으로 통일해서 적는다.

【보기】 サッポロ 삿포로　トットリ 돗토리　ヨッカイチ 욧카이치

제2항 장모음 장모음은 따로 표기하지 않는다.

【보기】 キュウシュウ(九州) 규슈　ニイガタ(新潟) 니가타
トウキョウ(東京) 도쿄　オオサカ(大阪) 오사카

[일본어 한국어표기법 개선안]

仮名	한글(어두)	한글(어중・어미)
あ い う え お	아 이 우 에 오	아 이 우 에 오
か き く け こ	**카 키 쿠 케 코**	**까 끼 꾸 께 꼬**
が ぎ ぐ げ ご	가 기 구 게 고	가 기 구 게 고
さ し す せ そ	사 시 스 세 소	사 시 스 세 소
ざ じ ず ぜ ぞ	자 지 즈 제 조	자 지 즈 제 조
た ち つ て と	**타 치 쯔 테 토**	**따 찌 쯔 떼 또**
だ ぢ づ で ど	다 지 즈 데 도	다 지 즈 데 도
な に ぬ ね の	나 니 누 네 노	나 니 누 네 노
は ひ ふ へ ほ	하 히 후 헤 호	하 히 후 헤 호
ば び ぶ べ ぼ	바 비 부 베 보	바 비 부 베 보
ぱ ぴ ぷ ぺ ぽ	**파 피 푸 페 포**	**빠 삐 뿌 뻬 뽀**
ま み む め も	마 미 무 메 모	마 미 무 메 모
や ゆ よ	야 유 요	야 유 요
ら り る れ ろ	라 리 루 레 로	라 리 루 레 로
わ を	와 오	와 오

[출처: 모세종(2021)「일본어의 합리적인 한국어표기에 대하여」『日本言語文化』第55輯, p.113-135]

문자와 발음 2

1 요음

요음이란 'や・ゆ・よ'를 い단 자음의 오른쪽 밑에 작게 붙여 써서 만든 글자로, い단음 자음과 'や・ゆ・よ'가 결합된 음이다.

きゃ 캬	ぎゃ 갸	しゃ 샤	じゃ 쟈	ちゃ 챠	ぢゃ 쟈	にゃ 냐	ひゃ 햐	びゃ 뱌	ぴゃ 빠	みゃ 먀	りゃ 랴
きゅ 큐	ぎゅ 규	しゅ 슈	じゅ 쥬	ちゅ 츄	ぢゅ 쥬	にゅ 뉴	ひゅ 휴	びゅ 뷰	ぴゅ 쀼	みゅ 뮤	りゅ 류
きょ 쿄	ぎょ 교	しょ 쇼	じょ 죠	ちょ 쵸	ぢょ 죠	にょ 뇨	ひょ 효	びょ 뵤	ぴょ 뾰	みょ 묘	りょ 료

〈や〉 きゃくしつ(객실)　しゃかい(사회)　おちゃ(차)
　　 ひゃくさい(백세)　どうみゃく(동맥)　りゃくず(약도)
〈ゆ〉 きゅうり(오이)　しゅみ(취미)　じゅうしょ(주소)
　　 ちゅうし(중지)　にゅうがく(입학)　りゅうこう(유행)
〈よ〉 きょり(거리)　しょり(처리)　じょうたい(상태)
　　 ちょうか(초과)　びょうき(병)　ちりょう(치료)

2 특수음

장음(長音(ちょうおん))

일본어의 장단음은 단어를 식별하는 기능을 하고 있어 발음에 주의해야 한다.

단	표기	예	비고
あ	ああ	おかあさん(어머니) おばあさん(할머니)	고유어
い	いい	おにいさん(형, 오빠) おじいさん(할아버지)	고유어
う	うう	くうき(공기) すうじ(숫자) ふうみ(풍미)	한자어
え	ええ	おねえさん(언니, 누나)	고유어
	えい	けいか(경과) せいじ(정치) へいわ(평화)	한자어
お	おお おう	おおい(많다) とお(열) とおる(지나가다) おとうさん(아버지)	고유어
	おう	おうじ(왕자) そうさ(수사) ほうび(상)	한자어

* かたかな의 경우는 장음부호(ー)로 나타낸다.

マーク(mark), **パーティー**(party), **タクシー**(taxi), **コンピューター**(computer),

ゲーム(game), **デート**(date), **ネーム**(name), **オーケー**(ok), **コーヒー**(coffee)

촉음(促音(そくおん) : っ)

촉음은 'つ'를 작게하여 카나의 오른쪽 밑에 붙여 한국어의 받침처럼 사용되는데, 실제 발음은 다르다. 촉음은 이어지는 자음에 의해 정해지며 **한 박자 쉬듯 길게 발음한다.**

조건	예	발음
촉음+カ行	こっか(국가) にっき(일기)	k
촉음+タ行	きって(우표) しっと(질투)	t
촉음+サ行	せっしゅ(접종) みっせつ(밀접)	s
촉음+パ行	いっぱ(일파) しっぽ(꼬리)	p

* 촉음은 탁음 앞에 나타나지 않지만, 외국어에서는 사용되는 경우도 있다.

グッド(good), **ヘッド**(head), **ベッド**(bed), **ミッドナイト**(midnight)

발음(撥音(はつおん) : ん)

발음은 'ん'을 문자로 사용하며 촉음과 마찬가지로 한국어의 받침처럼 사용된다. 이어지는 자음에 의해 정해지며 한국어와 발음 방법과 달라 **한 박자 쉬듯 길게 발음한다. 발음은 촉음과 달리 단독으로 사용되는 경우도 있다.**

조건	예		발음
ん+カ行	きんか(금화)	にんき(인기)	ŋ
ん+ガ行	うんが(운하)	しんぎ(심의)	
ん+ハ行	ぜんはん(전반)	ぜんほうい(전방위)	
*ん+ア行	せんい(섬유)	めんえき(면역)	
*ん+ヤ行	ほんや(책방)	きんゆう(금융)	
*ん+ワ行	でんわ(전화)	しんわ(신화)	
ん(단독)	うどん(우동)	にほん(일본)	
ん+タ行	にんたい(인내)	さんち(산지)	n
ん+ダ行	げんだい(현대)	おんど(온도)	
ん+ナ行	みんな(모두)	ばんのう(만능)	
ん+ラ行	しんらい(신뢰)	かんり(관리)	
ん+ザ行	こんざつ(혼잡)	かんじ(한자)	
*ん+サ行	しんせつ(친절)	てんし(천사)	
ん+バ行	しんぶん(신문)	せんべい(전병)	m
ん+パ行	きんぴん(금품)	しんぷ(신부)	
ん+マ行	さんま(꽁치)	きんむ(근무)	

일본의 한자

일본은 고유의 문자가 없고 한자가 전래 되어 문자로 정착하여 오늘에 이른다. 한글 창제로 한자 사용이 의미를 잃어가는 한국과는 달리 일본은 한자를 기본으로 하면서 한자 유래의 '仮名(かな)'를 혼합하여 사용하기 때문에 한자 없는 일본어는 성립하기 어렵다.

모든 일본어를 한자로 표기해야 하기 때문에, 예를 들어, 일본어에서 '오늘'을 나타내는 'きょう'를 '今日', 단풍을 나타내는 'もみじ'를 '紅葉'와 같이 그 의미에 해당하는 한자로 표기하는 방식(熟字訓(じゅくじくん)), 튀김을 나타내는 'てんぷら'를 '天婦羅', 클럽을 나타내는 'クラブ'를 '倶樂部'와 같이 의미와 관계없는 한자로 표기하는 방식(宛字(あてじ)/当(あ)て字(じ)), 고개를 뜻하는 'とうげ'를 '峠', '일하다'를 나타내는 'はたらく'를 '働く'라는 일본이 만든 한자로 표기하는 방식(国字(こくじ)) 등, 일본어에는 다양한 방법으로 한자를 사용하고 있다.

한일양국어는 한자어 사용이 비슷하지만, 운용 면에서는 일본어 고유의 사용법이 있다. 음독만 하는 한국어와 달리 일본어의 한자는 음독뿐 아니라 훈독도 하기 때문에 한국인 학습자에게는 습득하기 어려운 부분이 있다. 하지만, 한자 사용에는 규칙성이 있어 익숙해지면 그렇게 어렵지는 않다. 다만, 하나의 한자에 음이나 훈이 두 개 이상 존재하는 경우도 있어 이에는 깊은 주의가 필요하다.

일반적으로 한자어는 음독을 하고, 한자어가 아닌 고유어는 훈독을 하는데, 예를 들어 '行'의 경우 '行事(ぎょうじ)(呉音)/行動(こうどう)(漢音)/行脚(あんぎゃ)(唐音)'처럼 일정해야 할 음독이 다양한 것은 전래 당시 중국 현지의 발음 탓에 유래하는 것이고, '行'의 '行く/行う'처럼 行의 훈독이 다양한 것은 하나의 한자가 다양한 일본어(고유어)에 대응하기 때문이다. '行'이라는 한자는 '가다'와 '행하다'의 의미를 모두 나타내고 있어, '가다'의 'いく'에 '行(い)く', '행하다'의 'おこなう'에 '行(おこな)う'처럼 같은 한자로 대응시킬 수 있어. '行'이라는 한자가 'い'나 'おこな'와 같이 복수의 훈독을 갖는 것이다.

또한 하나의 고유어에 다양한 한자가 대응하는 이유는 비슷한 의미의 다양한 한자가 있기 때문이다. 예를 들어 '파랗다'라는 고유어 'あおい'에 '파랗다'를 나타내는 다양한 한자('青'/'蒼')가 있기 때문에, 'あおい'는 '青(あお)い'나 '蒼(あお)い'처럼 서로 다른 한자로 나타낼 수 있는 것이다.

이 모든 것이 한자의 의미를 아는 것이 전제인 만큼 일본어 학습에 한자에 대한 이해는 매우 중요한 요소이다.

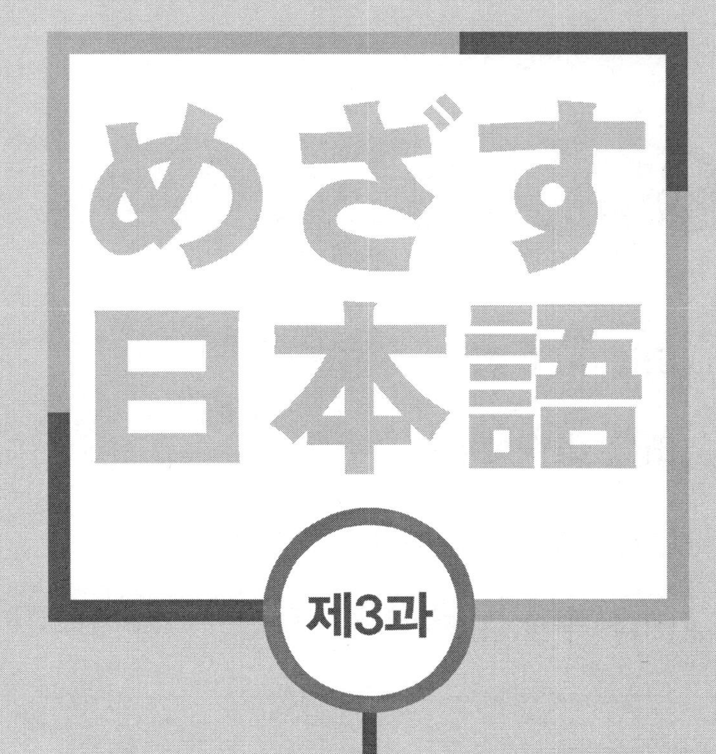

なり た くうこう
成田空港

대화

佐藤(さとう) 成田(なりた)は 雨(あめ)です。

ソン 成田(なりた)は 東京(とうきょう)ですか。

佐藤 いいえ、東京(とうきょう)ではありません。
成田(なりた)は 千葉県(ちばけん)です。

ソン 駅(えき)は 地下(ちか)ですか。

佐藤 はい、そうです。

ソン バス停(てい)も 地下(ちか)ですか。

佐藤 いいえ、ビルの 外(そと)です。
あそこが バス停(てい)です。

단어

- 空港(くうこう) 공항
- 雨(あめ) 비
- 駅(えき) 역
- 地下(ちか) 지하
- ビル 빌딩
- 外(そと) 밖
- あそこ 저기
- バス停(てい) 버스정류장
- 成田(なりた) 나리타
- 東京(とうきょう) 동경
- 千葉県(ちばけん) 치바현

문법과 표현

1 ～は와 ～が

はは 한국어의 '은/는', がは 한국어의 '이/가'에 해당하는 조사이다. 조사 はは わ로 읽는다. は행은 'ha · hi · hu · he · ho'로 읽지만, 조사로 사용되는 は와 へ의 경우는 'wa'와 'e'로 읽는다.

(1) 私(わたし)は 学生(がくせい)です。　　나는 학생입니다.

(2) 彼(かれ)は 先生(せんせい)です。　　그는 선생님입니다.

(3) ここが 大学(だいがく)です。　　여기가 대학입니다.

(4) そこが 会社(かいしゃ)です。　　거기가 회사입니다.

作文 한국은 봄입니다. (韓国(かんこく), 春(はる)) ⇨ ______________________。

2 ～です와 ～ではありません

ですは '입니다'의 의미로 'だ : 이다'의 정중한 형태이다.

ではありません은 '~이(가)/은(는) 아닙니다'의 의미로 です의 부정형이다. **ではありません**은 **じゃありません**으로 줄여 쓸 수 있다.

(1) ここが 学校(がっこう)です。　　여기가 학교입니다.

→ ここが 学校(がっこう)だ。　　여기가 학교이다.

(2) そこが 銀行です。 거기가 은행입니다.

→ そこが 銀行だ。 거기가 은행이다.

(3) 彼は 韓国人ではありません。 그는 한국인이 아닙니다.

→ 彼は 韓国人じゃありません。

(4) 彼女は 日本人ではありません。 그녀는 일본인이 아닙니다.

→ 彼女は 日本人じゃありません。

作文 회의는 오늘입니다. (会議, 今日) ⇨ ______________________ 。

회의는 오늘이 아닙니다. ⇨ ______________________ 。

지시어(장소)

지시어	근칭	중칭	원칭	부정칭
장 소	ここ (여기)	そこ (거기)	あそこ (저기)	どこ (어디)

3 ～か

かは 한국어의 '까?'에 해당하는 의문을 나타내는 조사로, 종지형에 접속하며 의문부호(?) 대신 마침표(。)를 사용한다.

(1) あそこが 駅ですか。 저기가 역입니까?

(2) トイレは どこですか。 화장실은 어디입니까?

(3) 彼女は 留学生ですか。 그녀는 유학생입니까?

(4) 彼は 友達ではありませんか。 그는 친구가 아닙니까?

作文 가게는 휴일이 아닙니까? (店(みせ), 休(やす)み) ⇨ ____________________。

4 ～も

✎ も는 한국어의 '도'에 해당하는 조사로 열거나 첨가의 뜻을 나타낸다.

(1) 日本(にほん)も 夏(なつ)です。　　일본도 여름입니다.

(2) 中国(ちゅうごく)も 秋(あき)です。　　중국도 가을입니다.

(3) 今日(きょう)も 会社(かいしゃ)です。　　오늘도 회사입니다.

(4) 図書館(としょかん)も 休(やす)みです。　　도서관도 휴일입니다.

作文 선생님도 외국인입니다.(先生(せんせい), 外国人(がいこくじん)) ⇨ ____________________。

5 ～の

✎ の는 명사와 명사를 소유(~의)나 동격(~인) 등의 의미로 연결하는 조사이며, '～의 것'과 같은 의미(소유대명사)로도 사용된다.

✎ 일본어의 の는 **생략할 수 있는 한국어의 '의'와 달리** 생략하는 경우가 거의 없다. 한자어에서는 생략할 수도 있다.

(1) ここが 私(わたし)の 家(いえ)です。　　여기가 저의 집입니다.

(2) 彼(かれ)は 大学(だいがく)の 先生(せんせい)です。　　그는 대학의 선생님입니다.

(3) 彼女(かのじょ)は 友達(ともだち)の 花子(はなこ)です。 그녀는 친구인 하나꼬입니다.

(4) この 本(ほん)は あなたのですか。 이 책은 당신의 것입니까?

作文 동경은 일본의 수도입니까?(東京(とうきょう), 日本(にほん), 首都(しゅと))

⇨ ____。

인칭대명사

1인칭	2인칭	3인칭	부정칭
私(わたし)=私(わたくし) (나/저)	あなた (당신)	彼(かれ) (그)	だれ (누구)
ぼく (나)	君(きみ) (너)	彼女(かのじょ) (그녀)	どなた (어느분)

01. 그녀는 선배입니다.

➡ ____。

02. 여기가 동경역입니다.

➡ ____。

03. 이 꽃은 벚꽃이 아닙니다.

➡ ____。

04. 여기는 택시 타는 곳이 아닙니다.

➡ ____。

05. 거기가 회사 사무실입니까?

➡ ____。

06. 공항은 羽田가 아닙니까?

➡ ____。

07. 선생님도 미국인입니다.

➡ ____。

08. 은행도 우체국도 휴일입니다.

➡ ____。

09. 저기가 친구 가게입니다.

➡ ____。

10. 대학은 역 근처입니다.

➡ ____。

단어

- 先輩(せんぱい) 선배
- 花(はな) 꽃
- 桜(さくら) 벚꽃
- タクシー 택시
- 乗り場(のりば) 타는 곳
- 事務室(じむしつ) 사무실
- アメリカ人(じん) 미국인
- 郵便局(ゆうびんきょく) 우체국
- 近く(ちかく) 근처
- 羽田(はねだ) 하네다

일본 엿보기

일본의 공항

▌하네다국제공항(羽田国際空港)

東京 중심지에서 남서쪽으로16㎞ 떨어진 곳에 위치한 도심에서 가장 가까운 국제공항으로, 정식명칭은 東京国際空港이다. 보통 이 일대의 옛 지명(東京府 羽田江戸見町)을 따라 羽田空港라고 불린다. 1931년 東京비행장으로 정식 개항한 후, 1951년 일본항공(Japan Airlines)이 국내선 운항을 시작하면서 공식적으로 출범하였다. 이후 오랫동안 일본을 대표하는 국제공항이었지만, 국제선 기능을 成田空港에 이전하며 국내선 노선 위주로 운영해 왔다. 그러나 일본 타 지역에서 국제선 노선으로 환승 시 불편하다는 문제점이 발생하여, 결국 2010년부터 羽田空港의 국제선을 다시 육성하도록 했다.

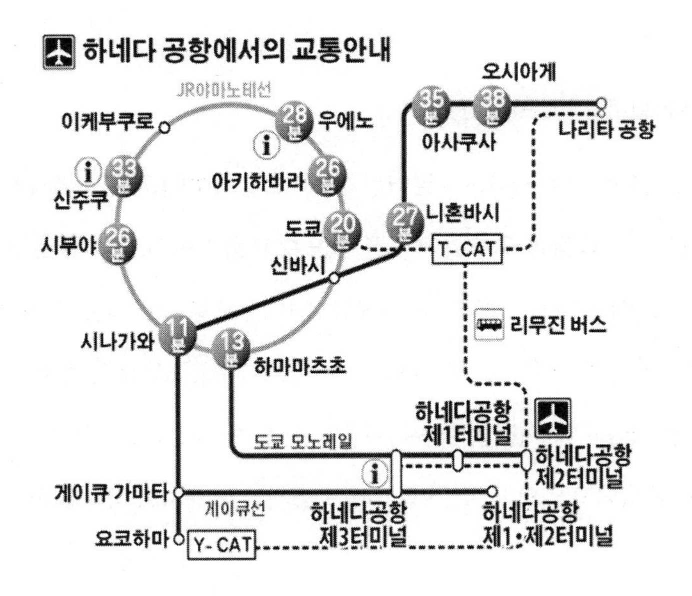

羽田空港에는 3개의 터미널이 있다. 제1터미널과 제2터미널은 국내선 터미널로, JAL(일본항공)은 제1터미널, ANA(전일본공수)는 제2터미널을 사용하고 있다. 2010년에 개장한 제3터미널은 국제선 터미널로, 레스토랑과 쇼핑거리, 애니메이션 캐릭터숍, 다양한 체험 공간 등이 있으며, 특히 東京 유명 맛집들이 입점해 있는 일본의 江戸시대의 상점가를 재현한 江戸小路가 유명하다. 각 터미널의 옥상에는 비행기의 이착륙을 바라볼 수 있는 야외전망대가 있어, 날씨가 맑은 날에는 東京タワー와 東京スカイツリー, 그리고 富士山까지 볼 수 있다고 한다.

羽田空港에서 東京 도심부로 가는 주요 교통수단은 철도, 모노레일, 버스 등이 있다. 철도는 羽田空港와 JR品川駅를 연결하는 '京急線'과 浜松町駅까지 직행하는 '東京モノレール'가 있으며, 13분 정도 걸린다. 버스는 리무진 버스와 京浜급행버스가 있는데, 보통 東京駅까지 45분, 新宿駅・渋谷駅까지 60분 정도 걸리며, 철도나 모노레일보다 요금이 비싼 편이다.

▌나리타국제공항(成田国際空港)

東京 도심에서 동북쪽으로 약 62km 떨어진 千葉県 成田市에 위치한 국제공항이다. 1960년대 초, 일본 경제의 고도성장과 국제화에 따른 항공 수요 증가로 東京国際空港의 뒤를 이을 신공항이 필요해졌다. 이에 따라 1966년에 착공하여 1978년 東京国際空港에서 국제선을 이관해 新東京国際空港라는 이름으로 개항하였으며, 2004년 成田国際空港로 정식 명칭을 변경하였다. JAL(일본항공)과 ANA(전일본공수)의 국제선 허브이자 미주노선 항공사들의 동북아시아 허브 공항으로 사용되고 있으며, 취항 항공사는 38개국 51개사로 국내외 총 98개 도시로 취항하고 있다.

成田空港은 지역 주민들의 반대에 부딪혀 예정되었던 활주로와 시설의 확장이 대폭 축소 또는 연기되어, 현재 2개의 활주로와 3개의 터미널이 있다. 대부분의 국제선 항공기는 제1터미널과 제2터미널을 이용하고, 저가항공사(LCC)의 국제선 및 국내선은 제3터미널을 이용한다. 제1터미널은 중앙 빌딩을 사이에 두고 북쪽 윙과 남쪽 윙으로 나누어지는데, 스타얼라이언스팀(아시아나항공, ANA, 유나이티드항공 등)은 남쪽 윙, 스카이팀(대한항공, 델타항공 등)은 북쪽 윙, 원월드(JAL, 케세이퍼시픽 등)는 제2터미널을 사용한다. 터미널에 따라 이용 항공사가 다르므로 체크인할 때 주의해야 한다.

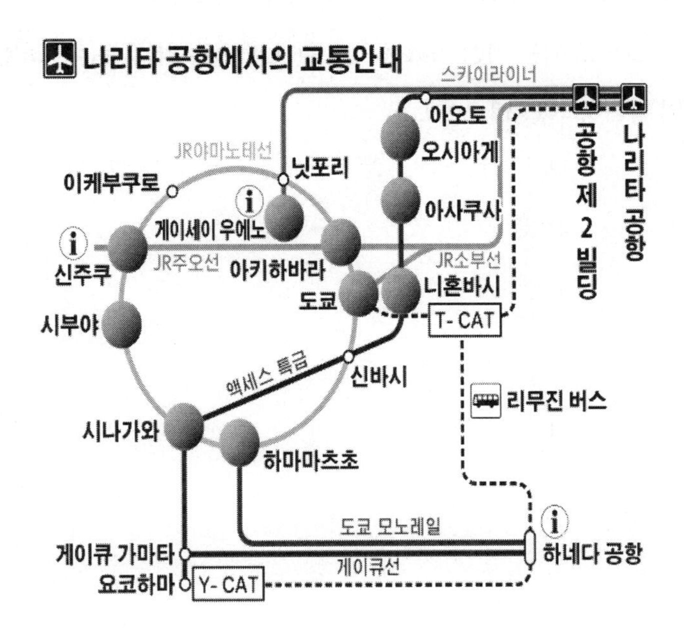

공항 내에는 패션 브랜드부터 화장품, 잡화, 가전, 기념품, 레스토랑 등 300점포 이상이 영업하고 있으며, 제3터미널에는 일본 공항 최대의 푸드코트를 정비하고 고급 브랜드의 면세점을 확충하는 등의 적극책으로 2018년 일본 쇼핑몰 중 최대의 매출액을 기록하였다.

成田空港에서 東京 도심부로 갈 때 이용할 수 있는 철도는 JR東日本과 京成전철이 있다. JR東日本의 '成田エクスプレス(줄여서 N'EX라고 표기한다)'는 1시간에 최대 2회 운행하며, 東京駅까지 약53분, 편도 3070円이다. 東京, 新宿, 池袋, 横浜 등 주요역에 환승하지 않고 갈 수 있으며, 외국인만 구입할 수 있는 티켓(왕복 4000円, 유효기간 14일)이 있고, 재팬 레일패스가 있는 경우 무료로 발급받을 수 있다. 京成전철의 '京成スカイライナー'는 1시간에 최대 3회 운행하고 있으며, 上野駅까지 약 41분, 편도 2470円이다. 외국인 관광객은 '스카이라이너 e-티켓 서비스'에서 할인 티켓을 구입할 수 있으며, 스카이라이너와 東京都내 지하철을 자유롭게 탈 수 있는 'Keisei Skyliner&Tokyo Subway Ticket'도 있다. 京成전철의 'アクセス特急'를 이용하면 東京スカイツリー로 가는 가장 가까운 역인 押上駅까지 약 47분(1170円), 浅草駅까지 약 59분(1290円)이 걸린다(2021년 기준).

日本(にほん)の夏(なつ)

대화

ソン　東京(とうきょう)は 暑(あつ)いですね。

鈴木(すずき)　ソウルは 暑(あつ)くないですか。

ソン　いいえ、ソウルも 暑(あつ)いです。

鈴木　日本(にほん)は 雨(あめ)が 多(おお)いですが。

ソン　韓国(かんこく)も 多(おお)い方(ほう)です。

鈴木　韓国(かんこく)に 梅雨(つゆ)は ありませんか。

ソン　いいえ、あります。

鈴木　日本(にほん)の 梅雨(つゆ)は 長(なが)いですが。

ソン　日本(にほん)ほどではありませんが、
韓国(かんこく)の 梅雨(つゆ)も 短(みじか)くありません。

단어

- 日本(にほん) 일본
- 韓国(かんこく) 한국
- 方(ほう) 편, 쪽
- ほど 정도
- 梅雨(つゆ) 장마
- 暑(あつ)い 덥다
- 多(おお)い 많다
- 長(なが)い 길다
- 短(みじか)い 짧다
- ソウル 서울

문법과 표현

1 형용사

1-1. 기본형・정중형・연체형

✎ 형용사는 '～い'의 형태를 취하며, です를 붙여 정중형으로 사용한다.

✎ 명사(체언)를 수식하는 연체형은 종지형(기본형)과 같아 형태 변화가 없다.

기본형 : ～い	정중형 : ～いです	연체형 : ～い + 명사
あつい (덥다) さむい (춥다)	あついです (덥습니다) さむいです (춥습니다)	あつい + 夏(なつ) → あつい夏(なつ) (더운 여름) さむい + 冬(ふゆ) → さむい冬(ふゆ) (추운 겨울)

(1) 韓国(かんこく)は 美(うつく)しい。 — 한국은 아름답다.
韓国(かんこく)は 美(うつく)しいです。 — 한국은 아름답습니다.
韓国(かんこく)は 美(うつく)しい 国(くに)です。 — 한국은 아름다운 나라입니다.

(2) 彼女(かのじょ)は やさしい。 — 그녀는 상냥하다.
彼女(かのじょ)は やさしいです。 — 그녀는 상냥합니다.
彼女(かのじょ)は やさしい 人(ひと)です。 — 그녀는 상냥한 사람입니다.

(3) 日本語(にほんご)は おもしろい。 — 일본어는 재미있다.
日本語(にほんご)は おもしろいです。 — 일본어는 재미있습니다.
日本語(にほんご)は おもしろい 言語(げんご)です。 — 일본어는 재미있는 언어입니다.

作文 중국은 요리가 맛있다. (中国(ちゅうごく), 料理(りょうり), おいしい) ⇨ ____________________。

중국은 요리가 맛있습니다. ⇨ ____________________。

중국은 요리가 맛있는 나라입니다. ⇨ ____________________。

1-2. 부정형・부정 정중형

- 형용사는 어미 い를 く로 바꾸고 ない를 붙이면 부정형이 된다.
- 형용사는 어미 い를 く로 바꾸고 ない를 붙인 후 です를 붙이면 정중한 형태가 된다. ありません은 ないです와 같이 형용사 정중형의 부정형으로 사용한다.

기본형 : ～い	부정형 : ～くない	부정정중형 : ～くないです/～くありません
あつい (덥다)	あつく **ない** (덥지 않다)	あつく **ないです**(＝あつく **ありません**) (덥지 않습니다)
さむい (춥다)	さむく **ない** (춥지 않다)	さむく **ないです**(＝さむく **ありません**) (춥지 않습니다)

(1) 東京(とうきょう)の 川(かわ)は 広(ひろ)い。 동경의 강은 넓다.
東京(とうきょう)の 川(かわ)は 広(ひろ)**くない**。 동경의 강은 넓지 않다.
東京(とうきょう)の 川(かわ)は 広(ひろ)**くないです(=ありません)**。 동경의 강은 넓지 않습니다.

(2) おいしい キムチは 辛(から)い。 맛있는 김치는 맵다.
おいしい キムチは 辛(から)**くない**。 맛있는 김치는 맵지 않다.
おいしい キムチは 辛(から)**くないです(=ありません)**。 맛있는 김치는 맵지 않습니다.

(3) 日本(にほん)の 秋(あき)は 涼(すず)しいです。 일본의 가을은 시원합니다.
日本(にほん)の 秋(あき)は 涼(すず)し**くないです(=ありません)**。 일본의 가을은 시원하지 않습니다.

(4) 田舎(いなか)の 物価(ぶっか)は 安(やす)いです。 시골의 물가는 쌉니다.
田舎(いなか)の 物価(ぶっか)は 安(やす)**くないです(=ありません)**。 시골의 물가는 싸지 않습니다.

作文 그는 키가 큽니다. (背(せ), 高(たか)い) ⇨ ______________________________。

그는 키가 크지 않습니다. ⇨ ______________________________。

▌いい와 よい : 의미는 같은데 사용에는 차이가 있다.

기본형	いい/よい	좋다
정중형	いいです=よいです	좋습니다
연체형	いい国(くに)=よい国(くに)	좋은 나라
부정형	よくない/よくないです/よくありません (O) いくない/いくないです/いくありません (X)	좋지 않(습니)다

2 ありますと ありません

あります(있습니다)는 일이나 사건, 사물 등의 존재를 나타낼 때 사용하며, 부정형은 ありません(없습니다)이다.

(1) 今日(きょう)は 試験(しけん)が **あります。** 오늘은 시험이 있습니다.

(2) 大学(だいがく)は 市内(しない)に **あります。** 대학은 시내에 있습니다.

(3) 田舎(いなか)に 病院(びょういん)が **ありません。** 시골에 병원이 없습니다.

(4) 会社(かいしゃ)に 食堂(しょくどう)が **ありません。** 회사에 식당이 없습니다.

作文 내일은 수업이 없습니다.(明日(あした), 授業(じゅぎょう)) ⇨ ______________________________。

▌いますと いません

います(있습니다)는 ありません과 달리 사람이나 동물/물고기/곤충 등의 존재를 나타낼 때 사용하며, 부정형은 いません(없습니다)이다.

(1) 家(いえ)の 中(なか)に 犬(いぬ)が **います。** 집 안에 개가 있습니다.

(2) 町(まち)に 子供(こども)が **いません。** 마을에 아이가 없습니다.

3 ～に

に(에/에게)는 장소, 시간, 대상 등을 나타내는 조사이다.

[장소]

(1) 大学(だいがく)に 池(いけ)が あります。 대학에 연못이 있습니다.

(2) 書類(しょるい)は 会社(かいしゃ)に あります。 서류는 회사에 있습니다.

[시간]

(3) 三時(さんじ)に 授業(じゅぎょう)が あります。 세 시에 수업이 있습니다.

(4) 約束(やくそく)は 週末(しゅうまつ)に あります。 약속은 주말에 있습니다.

[대상]

(5) 会社(かいしゃ)に 連絡(れんらく) 회사에 연락

(6) レポートは 先生(せんせい)に 리포트는 선생님께

作文 행복은 마음속에 있습니다. (幸(しあわ)せ, 心(こころ)の中(なか)) ⇨ ______________________。

4 ~ね

ね(~군, ~지, ~네(요))는 문말에 붙는 종조사로 상대방의 말에 동의하거나, 상대방이 동의할 수 있는 표현 등에 사용한다.

(1) 朝は 寒いですね。 아침은 춥군요.

(2) 店が たくさん ありますね。 가게가 많이 있군요.

(3) まだ 報告は ありませんね。 아직 보고는 없네요.

(4) 大学に 留学生が 多いですね。 대학에 유학생이 많네요.

作文 그의 행동은 매우 빠르군요. (行動, とても, 速い)

⇨ ____。

5 ~が

が(~이지만, ~인데)는 두 문장을 역접, 대비, 대조의 관계로 접속하는 접속조사이다. 무언가를 설명하는데 화제로 제시하는 문장에도 사용된다.

(1) 雨が 多いですが、被害は ありません。 비가 많습니다만, 피해는 없습니다.

(2) 家賃は 高いですが、部屋は よくないです。 집세는 비싸지만, 방은 좋지 않습니다.

(3) 彼は 私の 友達ですが、とても 明るいです。 그는 제 친구인데, 매우 밝습니다.

(4) 韓国の お菓子も ありますが、おいしいです。 한국 과자도 있습니다만, 맛있습니다.

作文 겨울은 춥지만, 봄은 따뜻합니다.(冬, 寒い, 春, 暖かい)

⇨ ____。

일본어로 써보기

01. 지금의 생활은 즐겁습니다.

➡ ____。

02. 집은 상당히 먼 편입니다.

➡ ____。

03. 한국의 물가도 그다지 싸지 않다.

➡ ____。

04. 전철의 환승은 어렵지 않습니다.

➡ ____。

05. 온천은 시내에 없습니다.

➡ ____。

06. 오늘은 가게에 손님이 없습니다.

➡ ____。

07. 오늘은 참 좋은 날씨네요.

➡ ____。

08. 일본의 신칸센은 빠르군요.

➡ ____。

09. 요리는 맛있습니다만, 조금 맵습니다.

➡ ____。

10. 얼굴은 무섭습니다만, 마음은 상냥합니다.

➡ ____。

단어

- 今(いま) 지금
- 生活(せいかつ) 생활
- 物価(ぶっか) 물가
- 電車(でんしゃ) 전철
- 乗(の)り換(か)え 환승
- 温泉(おんせん) 온천
- 市内(しない) 시내
- 店(みせ) 가게
- お客(きゃく)さん 손님
- 天気(てんき) 날씨
- 新幹線(しんかんせん) 신칸센
- 料理(りょうり) 요리
- 少(すこ)し 조금
- 顔(かお) 얼굴
- 心(こころ) 마음
- かなり 상당히
- あまり 그다지
- 楽(たの)しい 즐겁다
- 遠(とお)い 멀다
- 難(むず)かしい 어렵다
- 速(はや)い 빠르다
- 怖(こわ)い 무섭다

일본 엿보기

일본의 행정구역

일본의 행정구역(都道府県)은 광역자치단체인 1都(東京都), 1道(北海道), 2府(大阪府 ・京都府), 43縣이 있고, 그 밑에 지방공공단체인 市/町/村이 있다.

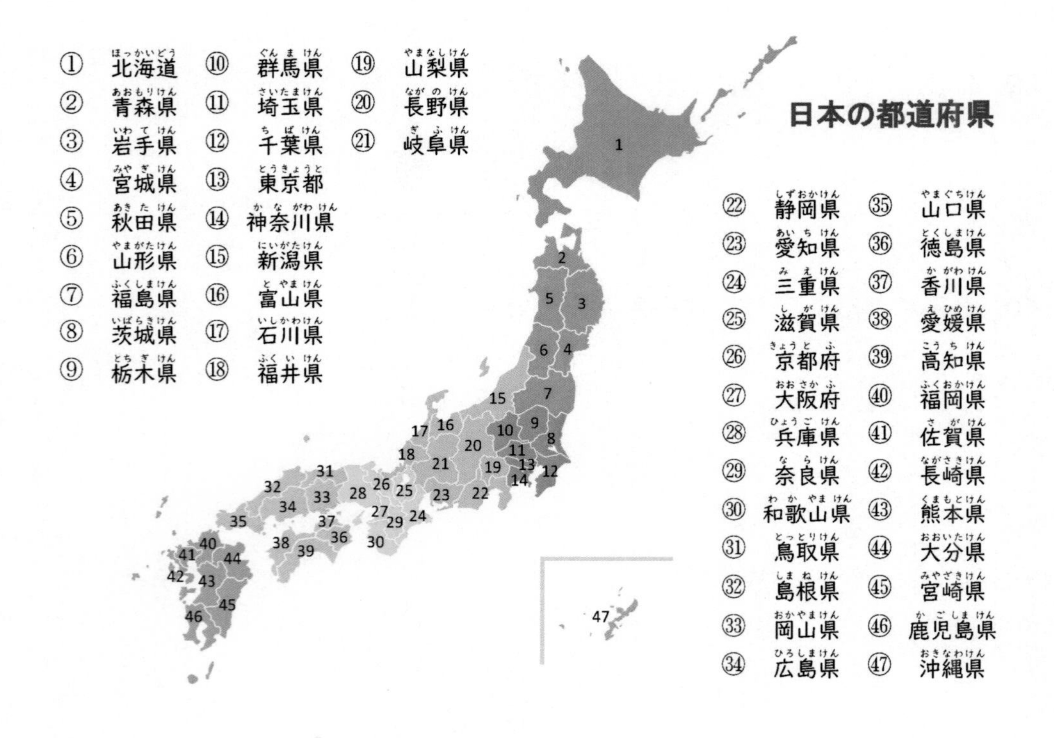

일본은 국토의 총면적이 약 38만㎢로, 한국의 약 3.8배 정도가 되는데, 北海道, 本州, 四国, 九州의 네 개의 큰 섬과 6,900여 개의 작은 섬들로 이루어져 있다. 이 중에서 本州는 다시 東北, 関東, 中部, 近畿, 中国로 나누어, 전국을 총 8개의 지방으로 구분하는 것이 일반적이다.

北海道는 최북단에 위치한 섬으로, 일본 총면적의 약 20%를 차지한다. 본래 아이누 민족이 살고 있었는데, 明治시대 이후 개척이 이루어지면서 일본인들이 대거 이주하였다. 냉대기후로 여름은 비교적 시원하고 겨울은 매우 추우며, 연평균 290cm의 적설량을 보인다. 本州의 青森県과 53.85km의 青函터널을 통해 해저 철도로 연결되어 있다.

東北지방은 本州의 동북부에 위치하며, 青森県, 岩手県, 宮城県, 秋田県, 山形県, 福島県의 6縣이 있다. 대부분 곡창지대이며, 이 지역을 가로지르는 奥羽산맥을 경계로 동쪽과 서쪽으로 나뉘는데, 특히 동쪽은 화산대에 접해있어 화산과 온천이 많고, 2011년에는 일본 최대 규모(진도9.1)의 동일본대지진(東日本大震災)이 일어나 많은 피해를 입었다.

関東지방은 本州의 남동부에 위치하며, 東京都, 茨城県, 栃木県, 群馬県, 埼玉県, 千葉県, 神奈川県의 1都와 6縣이 있다. 기후는 대체로 온화하고 4계절의 구분이 뚜렷하며, 일본에서 가장 큰 関東평야가 있다. 이 지역의 중추인 東京-横浜지구는 일본의 상업과 산업의 중심지이다.

中部지방은 本州의 중앙부에 위치하며, 新潟県, 富山県, 石川県, 福井県, 山梨県, 長野県, 岐阜県, 静岡県, 愛知県의 9縣이 있다. 일본의 지붕이라고 불리는 일본 알프스산맥이 이 지역의 남북을 길게 가로질러 일본 열도를 동서로 나누어, 동일본(北海道, 東北, 関東, 中部)과 서일본(近畿, 中国, 四国, 九州)이라는 역사적 · 문화적 경계선을 만들었다.

近畿지방은 本州의 중서부에 위치하며, 京都府, 大阪府, 三重県, 滋賀県, 兵庫県, 奈良県, 和歌山県의 2府 5県이 있다. 794년부터 1868년까지 일본의 수도였던 京都가 있어 일본의 정치 · 경제 · 문화의 중심이 되었으며, 大阪와 神戸 등의 도시들이 일본 서부의 상업의 중심지로 자리잡고 있다. 近畿가 지리학적으로 구분한 명칭이라면, 関西는 大阪, 京都, 神戸를 총칭하는 말로 関東와 대비하여 문화 · 역사적으로 구분한 명칭이다.

中国지방은 本州의 서쪽 끝에 위치하며, 鳥取県, 島根県, 岡山県, 広島県, 山口県의 5県이 있다. 이 지역 북쪽을 山陰地方, 남쪽을 山陽地方로 구분하여, 山陰・山陽지방이라고 부르기도 한다. 山陰지방은 평야가 적고 겨울에 눈이 많이 내리고, 山陽지방은 평야가 많고 비가 많이 내린다.

四国지방은 本州의 서남쪽에 위치하며, 徳島県, 香川県, 愛媛県, 高知県의 4県이 있다. 북쪽은 강우량이 적어 여름에는 물 부족을 겪기도 하고, 남쪽은 기온이 높고 비가 많이 내리고 태풍이 자주 상륙한다. 本州와 四国를 잇는 다리(瀬戸大橋)가 건설되어 도로와 철도로 연결되어 있다.

九州지방은 가장 남쪽에 위치한 섬으로, 福岡県, 佐賀県, 長崎県, 熊本県, 大分県, 宮崎県, 鹿児島県, 沖縄県의 8県이 있다. 일본 고대의 행정구역인 율령국이 9개 있었다고 해서 九州라는 명칭이 붙었다고 한다. 이 지역은 해안과 평야, 화산, 온천이 있는 산지로 농업과 축산업, 수산업이 활발하며, 北九州공업지대가 있다. 沖縄県은 九州 남부에서 멀리 떨어진 일본 최남, 최서단의 県으로, 태평양전쟁 이후부터 미군기지로 사용되다가 1972년 일본에 반환되었다.

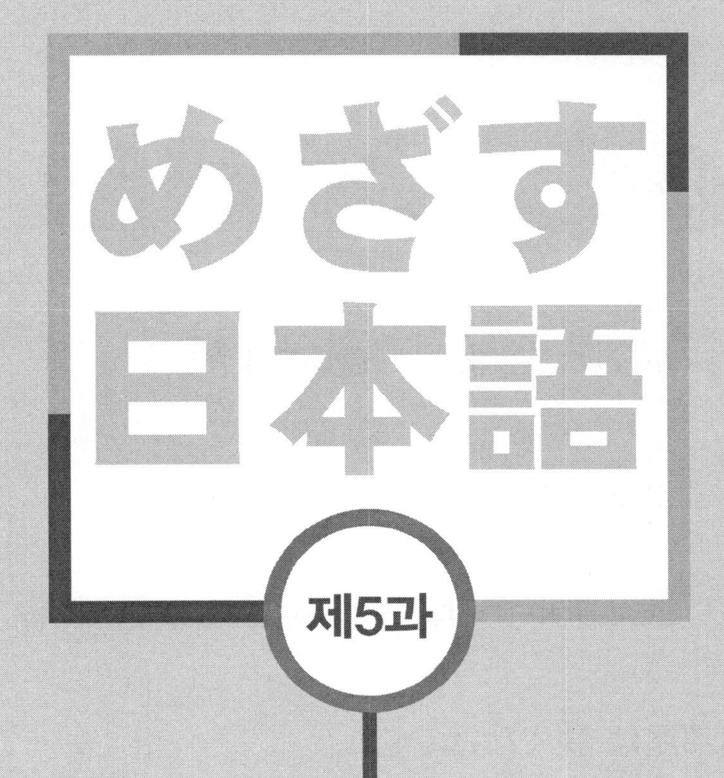

日本(にほん)のホテル

대화

ソン　駅から ホテルまでは 遠いですか。

高橋　すぐ 近くです。あの ホテルです。

ソン　いい ホテルですね。

高橋　部屋は 狭くないですか。

ソン　一人ですから 大丈夫です。

高橋　ここからが 銀座です。

ソン　人も 多くて、とても賑やかですね。

高橋　銀座は 私も 好きです。

ソン 私(わたし)も 賑(にぎ)やかな 街(まち)が 嫌(きら)いではないです。

高橋 あそこが 有名(ゆうめい)な 三越(みつこし)デパートです。

단 어

•駅(えき) 역 •ホテル 호텔 •近(ちか)く 근처 •部屋(へや) 방 •一人(ひとり) 1인, 혼자 •街(まち) 거리 •デパート 백화점 •すぐ 바로 •遠(とお)い 멀다 •狭(せま)い 좁다 •多(おお)い 많다 •大丈夫(だいじょうぶ)だ 괜찮다 •賑(にぎ)やかだ 번화하다 •好(す)きだ 좋아하다 •嫌(きら)いだ 싫어하다 •有名(ゆうめい)だ 유명하다

문법과 표현

1 형용동사

1-1. 형용동사 정중형・연체형

- 형용동사는 형용사와 의미는 같지만, 동사에서 유래한 だ를 기본형 어미로 사용하는 독특한 품사이다. な형용사라 칭하기도 한다. 고유어뿐만 아니라, 한자어에 많은데, 형용사의 의미를 갖는 한자어는 대부분이 형용동사이다.
- 형용동사는 だ를 です로 바꾸면 정중체가 되고, だ를 な로 바꾸면 명사를 수식하는 연체형이 된다.

보통체 : ～だ	정중체 : ～です	연체형 : ～な+명사
きれいだ (깨끗하다) しんせつだ (친절하다)	きれいです (깨끗합니다) しんせつです (친절합니다)	きれいな 街(まち) (깨끗한 거리) しんせつな 人(ひと) (친절한 사람)

(1) みんな **まじめだ**。 모두 성실하다.
みんな **まじめです**。 모두 성실합니다.
みんな **まじめな** 学生(がくせい)です。 모두 성실한 학생입니다.

(2) この辺(へん)は **しずかだ**。 이 주변은 조용하다.
この辺(へん)は **しずかです**。 이 주변은 조용합니다.
この辺(へん)は **しずかな** 町(まち)です。 이 주변은 조용한 마을입니다.

(3) あの 人(ひと)は **有名(ゆうめい)だ**。 저 사람은 유명하다.
あの 人(ひと)は **有名(ゆうめい)です**。 저 사람은 유명합니다.
あの 人(ひと)は **有名(ゆうめい)な** 歌手(かしゅ)です。 저 사람은 유명한 가수입니다.

作文 그 친구는 아주 건강하다. (友達(ともだち), 元気(げんき)だ) ⇨ ______________________________。

그 친구는 아주 건강합니다. ⇨ ______________________________。

그 친구는 아주 건강한 사람입니다. ⇨ ______________________________。

▌지시어(연체)

지시어	근칭	중칭	원칭	부정칭
연체	この (이~)	その (그~)	あの (저~)	どの (어느)

1-2. 형용동사 부정형

✎ 형용동사는 だ를 ではない로 바꾸면 부정형이 된다. 정중형에는 ではないです나 ではありません을 사용한다. では는 じゃ로 줄여 쓸 수 있다.

기본형 : ~だ	부정형 : ~ではない	부정정중형 : ~ではないです/ではありません
きれいだ (깨끗하다)	きれいではない (깨끗하지 않다)	きれいではないです/ではありません (깨끗하지 않습니다)
しんせつだ (친절하다)	しんせつではない (친절하지 않다)	しんせつではないです/ではありません (친절하지 않습니다)

(1) 彼女(かのじょ)の 車(くるま)は **すてきだ。** 그녀의 차는 멋지다.

彼女(かのじょ)の 車(くるま)は **すてきではない。** 그녀의 차는 멋지지 않다.

彼女(かのじょ)の 車(くるま)は **すてきではないです/ありません。** 그녀의 차는 멋지지 않습니다.

(2) 外国(がいこく)の 生活(せいかつ)は **幸(しあわ)せだ。** 외국의 생활은 행복하다.

外国(がいこく)の 生活(せいかつ)は **幸(しあわ)せではない。** 외국의 생활은 행복하지 않다.

外国(がいこく)の 生活(せいかつ)は **幸(しあわ)せではないです/ありません。** 외국의 생활은 행복하지 않습니다.

(3)	韓国(かんこく)は 交通(こうつう)が 便利(べんり)だ。	한국은 교통이 편리하다.
	韓国(かんこく)は 交通(こうつう)が 便利(べんり)ではない。	한국은 교통이 편리하지 않다.
	韓国(かんこく)は 交通(こうつう)が 便利(べんり)ではないです/ありません。	한국은 교통이 편리하지 않습니다.
(4)	ここは 夜(よる)も 安全(あんぜん)だ。	여기는 밤도 안전하다.
	ここは 夜(よる)も 安全(あんぜん)ではない。	여기는 밤도 안전하지 않다.
	ここは 夜(よる)も 安全(あんぜん)ではないです/ありません。	여기는 밤도 안전하지 않습니다.

作文 오늘은 한가합니다.(今日(きょう), 暇(ひま)だ) ⇨ ______________________________。

오늘은 한가하지 않습니다. ⇨ ______________________________。

2 ～が好(す)きだ/～が嫌(きら)いだ

✎ すきだ는 '좋다'라는 형용사로, 한국어에서 동사처럼 '좋아하다'로 번역하지만, 대상에는 を가 아닌 が를 사용한다. '싫다'의 きらいだ도 '싫어하다'로 번역하지만, 대상에는 が를 사용한다.

(1)	父(ちち)は 旅行(りょこう)が 好(す)きです。	아버지는 여행을 좋아합니다.
	母(はは)は 旅行(りょこう)が 嫌(きら)いです。	어머니는 여행을 싫어합니다.
(2)	冬(ふゆ)が 一番(いちばん) 好(す)きです。	겨울을 가장 좋아합니다.
	夏(なつ)が 一番(いちばん) 嫌(きら)いです。	여름을 가장 싫어합니다.
(3)	弟(おとうと)は 野球(やきゅう)が 大好(だいす)きです。	남동생은 야구를 아주 좋아합니다.
	妹(いもうと)は 野球(やきゅう)が 大嫌(だいきら)いです。	여동생은 야구를 아주 싫어합니다.

作文 형은 초밥을 좋아합니다.(兄(あに), 寿司(すし)) ⇨ ______________________________。

누나는 회를 싫어합니다.(姉(あね), 刺身(さしみ)) ⇨ ______________________________。

3 형용사 て형

✎ 형용사 어간에 くて를 붙이면 '~하고/해서'와 같이, 열거 또는 원인·이유의 의미를 나타낸다.

(1) 彼女は 優しくて 親切です。 그녀는 상냥하고 친절합니다.

(2) 地震が 多くて 少し 怖いです。 지진이 많아서 조금 무섭습니다.

(3) 駅が 近くて 家賃は 高いです。 역이 가까워서 집세는 비쌉니다.

(4) 仕事が 難しくて 頭が 痛いです。 일이 어려워서 머리가 아픕니다.

作文 전철은 빠르고 편리합니다.(電車, 速い) ⇨ ______________________________。

4 ～から ～まで

✎ から(～에서, ~부터)는 장소나 시간 등이 시작되는 기점을 나타내며, まで(～까지)는 장소나 시간 등이 끝나는 종점을 나타낸다.

(1) 銀座は ここからです。 銀座는 여기부터입니다.

(2) 休みは 明日までです。 휴일은 내일까지입니다.

(3) レベルは 一から 五までです。 레벨은 1에서 5까지입니다.

(4) 試験は 今日から 明後日までです。 시험은 오늘부터 모레까지입니다.

作文 오전부터 오후까지 회의입니다. (午前, 午後, 会議)

⇨ ____。

수사(한자어)

一	二	三	四	五
いち	に	さん	し, よん, よ	ご
六	七	八	九	十
ろく	しち, なな	はち	きゅう, く	じゅう
十	二十	三十	四十	五十
じゅう	にじゅう	さんじゅう	よんじゅう	ごじゅう
六十	七十	八十	九十	百
ろくじゅう	ななじゅう	はちじゅう	きゅうじゅう	ひゃく

5 ~から

から는 술어 종지형에 붙어 '~이어서, ~이니까, ~이기 때문에'와 같이, 원인이나 이유 등을 나타낸다. から 앞에는 보통체와 정중체가 다 올 수 있다.

(1) 夜(よる)も 安全(あんぜん)だから 大丈夫(だいじょうぶ)です。 밤에도 안전하기 때문에 괜찮습니다.
夜(よる)も 安全(あんぜん)ですから 大丈夫(だいじょうぶ)です。

(2) みんな 子供(こども)だから 不安(ふあん)です。 모두 어린이이기 때문에 불안합니다.
みんな 子供(こども)ですから 不安(ふあん)です。

(3) 彼(かれ)は 歌(うた)が うまいから 好(す)きです。 그는 노래를 잘해서 좋아합니다.
彼(かれ)は 歌(うた)が うまいですから 好(す)きです。

(4) 近くに コンビニが あるから 便利(べんり)です。 근처에 편의점이 있어서 편리합니다.
近くに コンビニが ありますから 便利(べんり)です。

作文 몸이 약해서 걱정입니다.(体(からだ), 弱(よわ)い, 心配(しんぱい)だ)

⇨ ______________________________。

01. 웃는 얼굴이 멋진 사람입니다.

➡ ____。

02. 이 일은 전혀 위험하지 않다.

➡ ____。

03. 빠른 음악은 그다지 좋아하지 않습니다.

➡ ____。

04. 나는 매운 음식을 싫어합니다.

➡ ____。

05. 그의 여동생은 귀엽고 친절합니다.

➡ ____。

06. 학교는 역에서 멀어서 불편합니다.

➡ ____。

07. 공항에서 호텔까지는 가까운 편입니다.

➡ ____。

08. 수업은 월요일부터 금요일까지 있습니다.

➡ ____。

09. 물가가 비싸기 때문에 생활이 괴롭습니다.

➡ ____。

10. 외국어를 잘하기 때문에, 괜찮습니다.

➡ ____。

단어

• 笑顔(えがお) 웃는 얼굴 • 仕事(しごと) 일 • 音楽(おんがく) 음악 • 料理(りょうり) 음식 • 妹(いもうと) 여동생 • 学校(がっこう) 학교 • 方(ほう) 쪽, 편 • 授業(じゅぎょう) 수업 • 月曜日(げつようび) 월요일 • 金曜日(きんようび) 금요일 • 物価(ぶっか) 물가 • 生活(せいかつ) 생활 • 外国語(がいこくご) 외국어 • 全然(ぜんぜん) 전혀 • あまり 그다지 • 速(はや)い 빠르다 • かわいい 귀엽다 • 苦(くる)しい 괴롭다 • 素敵(すてき)だ 멋지다 • 危検(きけん)だ 위험하다 • 不便(ふべん)だ 불편하다 • 上手(じょうず)だ 잘하다

일본 엿보기

일본의 호텔

일본은 숙박 요금이 비싼 편인데, 숙박시설의 종류와 타입별 특징을 알면 예산이나 목적에 맞는 적절한 숙소를 선택할 수 있다. 일본의 숙박시설은 시설의 구조와 설비에 따라 호텔(양식 구조 및 설비를 갖추고 영업하는 곳), 여관(일본식 구조 및 설비를 갖추고 영업하는 곳), 간이숙소(숙박 장소를 다수가 공동으로 사용하는 구조 및 설비를 갖추고 영업하는 곳), 하숙(1개월 이상의 장기간 숙박을 제공하는 곳)으로 분류된다.

▍호텔(ホテル)

일본의 호텔 종류는 크게 시티호텔(シティ・ホテル), 비즈니스호텔(ビジネスホテル), 리조트호텔(リゾートホテル)로 나뉜다.

시티호텔은 다양한 목적의 이용객을 대상으로 하는 도심지에 위치한 대형 호텔로, 숙박뿐만 아니라 레스토랑, 연회장, 수영장, 휘트니스센터, 스파 등 다양한 부대시설을 갖추고 있어 숙박 요금이 고액인 곳이 많다. 일본 3대 호텔로 대표되는 帝国(ていこく)ホテル, オークラホテル、ニューオータニホテル 등 유명한 호텔들이 여기에 속한다.

[帝国ホテル東京]

[オークラホテル東京]

[ニューオータニホテル東京]

일본의 비즈니스호텔은 1920년 京都에서 法華クラブ가 1인1실 형태의 객실을 갖춘 호텔을 창업하면서 시작되었다. 역이나 도시의 번화가 등 교통이 편리한 곳에 입지해 있는 숙박 기능에 중점을 둔 호텔로, 시티호텔보다 객실이 좁고 서비스가 간소하여 대체로 저렴한 가격의 호텔이 많다. Wi-Fi는 물론 유선 LAN, 복사기와 프린터 등 비즈니스용 기기나 서비스가 충실하며, 요금이 저렴한 대기업 체인이 증가하면서 비즈니스객 이외에 여행객의 이용도 늘고 있다. 일본의 유명한 비즈니스호텔 체인에는 東横イン, アパホテル, ルートイン 등이 있다.

리조트호텔은 관광지와 휴양지에 위치해 그곳을 방문하는 여행객을 대상으로 한 호텔이다. 스키장, 해변 등의 관광지와 인접해 있거나 온천 등 호텔 자체가 관광명소가 될 수 있는 시설이 설치되어 있다. 호텔의 인테리어나 건물을 관광지의 특색에 맞추거나 그 고장의 풍경에 녹아들 수 있도록 꾸미는데, 예를 들어 해변이라면 남국풍의 건물로, 교토 등의 오래된 도시라면 일본식 건축으로 하여, 호텔에 숙박하면서 그 지역의 특색과 분위기를 즐길 수 있다. 관광지와 호텔이 한 세트가 되어 대규모 휴양지가 형성되기도 하는데, 대표적인 예로 東京ディズニーリゾート와 ハウステンボス 등이 있다.

❙ 여관(旅館)

일본을 대표하는 전통 숙박시설인 旅館은 보통 일본식 구조와 설비를 갖추고 있으며, 온천지에 입지하여 온천과 식사를 즐기는 것을 주목적으로 한다. 보통 숙박 요금에 조식과 석식이 포함

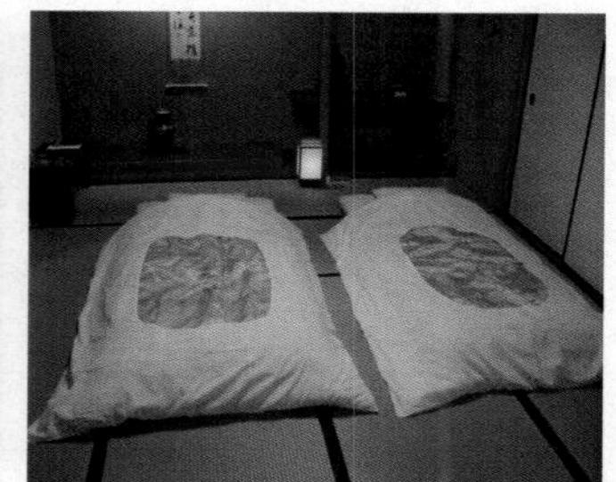

되어 있는데, 각 지역의 특산물과 제철 식재료를 사용하는 전통 일본식 요리(懐石料理)를 제공한다. 일본문화를 경험할 수 있고 숙박요금도 호텔보다 훨씬 비싼 경우가 많다. 객실의 종류는 화실(和室), 양실(洋室), 화양실(和洋室)이 있는데, 가장 일반적인 객실은 和室로, 畳가 깔려 있고 침구는 벽장에 보관되어 있는데 저녁 식사가 끝나는 시간에 맞추어 종업원(仲居さん)이 이부자리(布団)를 깔아준다. 대욕장과 노천탕, 가족탕 등 여러 가지 형태의 온천 시설이 있으며, 보통 출입 시 방에 비치된 浴衣로 갈아입고 이용하면 편리하다.

▌간이숙소(簡易宿所)

일본의 간이숙소에는 타인과의 교류를 중시하는 형태의 게스트하우스, 전 세계 회원제로 운영 중인 유스호스텔, 일반 민가에 숙박하는 형태의 민숙(민박)과 일본의 독특한 숙박 형태인 캡슐호텔이 있다.

이 중 캡슐호텔(カプセルホテル)은 비교적 저렴한 가격으로 도시의 직장인들이 잠시 쉬어갈 수 있도록 역 주변이나 번화가에 만들어진 곳으로, 큰 방 안에 깊이 2m, 높이 1m, 폭 1m 정도의 '캡슐'이라 불리는 간이침대가 2단으로 설치되어 있다. 캡슐 안에는 침구 외에 조명, 환풍기, 알람 시계, 라디오, 소형 TV 등이 구비되어 있다. 식당이 함께 있어 간단한 식사나 조식 서비스를 제공하는 곳도 있으며, 대욕탕이나 사우나 등의 시설을 무료로 이용할 수 있다는 장점이 있다. 단점으로는 방이 극히 좁은 점, 방음이 전혀 안 되는 점, 남성 전용이 많다는 점 등을 들 수 있다.

MEMO

日本(にほん)の電車(でんしゃ)

대화

田中(たなか)　今日(きょう)は 新宿(しんじゅく)に 行(い)きます。

ソン　電車(でんしゃ)ですか。

田中　はい、電車(でんしゃ)で 行(い)きましょう。

ソン　新宿(しんじゅく)までは 遠(とお)いですか。

田中　山(やま)の手線(てせん)で 二十分(にじゅっぷん)ぐらい かかります。

ソン　東京(とうきょう)の 電車(でんしゃ)は すごいですね。

田中　電車(でんしゃ)が みんなの 足(あし)ですからね。

ソン　電車(でんしゃ)は 安全(あんぜん)で 便利(べんり)ですね。

田中　東京(とうきょう)は 渋滞(じゅうたい)も ひどいですし、
やはり 電車(でんしゃ)が 一番(いちばん) 楽(らく)ですね。

ソン　ソウルも 渋滞(じゅうたい)で 毎日(まいにち) 大変(たいへん)です。

田中　東京(とうきょう)で バスを 利用(りよう)する 機会(きかい)は あまり ないですね。

단어

- 電車(でんしゃ) 전철
- ぐらい 정도
- みんな 모두
- 足(あし) 다리, 발
- 渋滞(じゅうたい) 정체
- 毎日(まいにち) 매일
- 機会(きかい) 기회
- やはり 역시
- すごい 굉장하다
- ひどい 심하다
- 安全(あんぜん)だ 안전하다
- 便利(べんり)だ 편리하다
- 楽(らく)だ 편하다
- 大変(たいへん)だ 큰일이다
- 行(い)く 가다
- かかる (시간이)걸리다
- 利用(りよう)する 이용하다
- や ~나/~랑(조사)
- を ~을/를(조사)
- 新宿(しんじゅく) 신주꾸(지명)
- 山の手線(やまのてせん) 야마노테선(JR선)

문법과 표현

1 동사

동사의 기본형은 어미가 'う'단음인 'う・く・ぐ・す・つ・ぬ・ぶ・む・る'의 9개로 되어 있다.

1-1. 동사의 종류와 형태

동사는 규칙활용을 하는 5단동사와 1단동사, 불규칙활용을 하는 くる와 する로 나눈다.

5단동사는 어미 う단이 5개의 단에서 활용하는 동사이고, 1단동사 1단에 머물러 활용하는 동사로 형태가 정해져 있다.

동사의 종류		형태	예
규칙동사	5단동사	어미 う단	会う, 聞く, 急ぐ, 話す, 待つ, 死ぬ, 遊ぶ, 飲む, 乗る
	상1단동사	~い단+る	い[i]る, 見[mi]る, 起き[ki]る
	하1단동사	~え단+る	寝[ne]る, 出[de]る, 食べ[be]る
불규칙동사	か행변격동사	くる	来る
	さ행변격동사	する	する, (漢字語)する

(1) 夏は 雨が 降る。　　여름은 비가 내린다.

(2) 家で テレビを 見る。　　집에서 TV를 본다.

(3) また チャンスは 来る。　　또 찬스는 온다.

(4) 部屋(へや)で コンピュータを する。　방에서 컴퓨터를 한다.

作文 친구에게 의견을 묻는다. (意見(いけん), 聞(き)く) ⇨ ________________________________ 。

1-2. 동사의 기본형・정중형

- 동사의 기본형(하다)은 종지형(한다)과 같은데, 9개의 어미를 대표하여 る형이라 칭한다. 종지형인 る형은 '미래의 동작', '화자의 의지', '현재의 상태', '일반적 사실' 등을 나타낸다. る형을 ます형으로 바꾸면 정중형이 된다.
- 정중형(~ます)은 연용형에 접속하며, '~습니다,~(하)겠습니다'의 의미를 나타낸다.

동사의 종류		기본형	정중형 : 연용형 + ます
규칙동사	5단동사	かう (사다)	かい → かいます (삽니다/사겠습니다)
		きく (듣다)	きき → ききます (듣습니다/듣겠습니다)
		つぐ (잇다)	つぎ → つぎます (잇습니다/잇겠습니다)
		だす (내다)	だし ＋ます → だします (냅니다/내겠습니다)
		もつ (들다)	もち → もちます (듭니다/들겠습니다)
		しぬ (죽다)	しに → しにます (죽습니다/죽겠습니다)
		とぶ (날다)	とび → とびます (납니다/날겠습니다)
		よむ (읽다)	よみ → よみます (읽습니다/읽겠습니다)
		のる (타다)	のり → のります (탑니다/타겠습니다)
	상1단동사	みる (보다)	み ＋ます → みます (봅니다/보겠습니다)
	하1단동사	ねる (자다)	ね ＋ます → ねます (잡니다/자겠습니다)
불규칙동사	か행변격동사	くる (오다)	き ＋ます → きます (옵니다/오겠습니다)
	さ행변격동사	する (하다)	し ＋ます → します (합니다/하겠습니다)

(1) 春(はる)は 花(はな)が 咲(さ)く。　봄에는 꽃이 핀다.

春(はる)は 花(はな)が 咲(さ)きます。　봄에는 꽃이 핍니다.

(2) 教室(きょうしつ)は 二階(にかい)に ある。　　교실은 2층에 있다.

教室(きょうしつ)は 二階(にかい)に あります。　　교실은 2층에 있습니다.

(3) 今日(きょう)は 外(そと)で 食(た)べる。　　오늘은 밖에서 먹겠다.

今日(きょう)は 外(そと)で 食(た)べます。　　오늘은 밖에서 먹겠습니다.

(4) 友達(ともだち)は 夜(よる) 遅(おそ)く 来(く)る。　　친구는 밤 늦게 온다.

友達(ともだち)は 夜(よる) 遅(おそ)く 来(き)ます。　　친구는 밤 늦게 옵니다.

作文 내일은 도서관에 갑니다.(図書館(としょかん), 行(い)く) ⇨ ________________________。

나는 조금 기다리겠습니다.(少(すこ)し, 待(ま)つ) ⇨ ________________________。

Ⅰ ~を

✎ を는 한국어의 '~을/를'에 해당하는 조사이다.

(1) 毎朝(まいあさ) 新聞(しんぶん)を 読(よ)みます。　　매일 아침 신문을 읽습니다.

(2) たまに 日本(にほん)の 映画(えいが)を 見(み)ます。　가끔 일본 영화를 봅니다.

1-3. 동사 연체형

✎ 동사가 체언을 수식하는 형태는 종지형과 같으며, 그 의미는 현재나 미래를 나타낸다.

동사 기본형	종 지 형	연 체 형
聞(き)く (듣다) 読(よ)む (읽다)	歌(うた)を 聞(き)く (노래를 듣다) 本(ほん)を 読(よ)む (책을 읽다)	聞(き)く 歌(うた) (듣는/들을 노래) 読(よ)む 本(ほん) (읽는/읽을 책)

(1) 庭(にわ)に 咲(さ)く 花(はな)は きれいです。 정원에 피는 꽃은 예쁩니다.

(2) 明日(あした) 受(う)ける 試験(しけん)は 会話(かいわ)です。 내일 보는 시험은 회화입니다.

(3) 最近(さいきん) 見(み)る ドラマは おもしろいです。 최근에 보는 드라마는 재미있습니다.

(4) インターネットを 使(つか)う 人(ひと)が 多(おお)いです。 인터넷을 사용하는 사람이 많습니다.

作文 매일 먹는 약이 있습니다. (毎日(まいにち), 薬(くすり)を飲(の)む) ⇨ ______________________。

2 ~ましょう

✎ ましょう(~(합)시다)는 권유의 의미를 나타낸다.

(1) 暑(あつ)いから 少(すこ)し 休(やす)みましょう。 더우니까 조금 쉽시다.

(2) 明日(あした)は 九時(くじ)に 会(あ)いましょう。 내일은 9시에 만납시다.

(3) 外(そと)は 涼(すず)しいから 窓(まど)を 開(あ)けましょう。 밖은 시원하니 창문을 엽시다.

(4) 時間(じかん)が あるから 三十分(さんじゅっぷん)ぐらい 歩(ある)きましょう。 시간이 있으니까 30분정도 걸읍시다.

作文 다음에 한잔 마십시다. (今度(こんど), 一杯(いっぱい), 飲(の)む) ⇨ ______________________。

▌시간 읽기(時(じ): 시)

一時	二時	三時	四時	五時	六時
いちじ	にじ	さんじ	よじ	ごじ	ろくじ
七時	**八時**	**九時**	**十時**	**十一時**	**十二時**
しちじ	はちじ	くじ	じゅうじ	じゅういちじ	じゅうにじ

▍시간 읽기(分(ふん): 분) : 「分」은 1, 3, 4, 6, 8, 10분은 「ぷん」으로, 나머지는 「ふん」으로 발음한다.

一分	二分	三分	四分	五分
いっぷん	にふん	さんぷん	よんぷん	ごふん
六分	**七分**	**八分**	**九分**	**十分**
ろっぷん	ななふん	はっぷん	きゅうふん	じっぷん (=じゅっぷん)

3 형용동사+で

✎ '형용동사 어간+で'는 '~하고/해서'와 같이, 열거 또는 원인·이유의 의미를 나타낸다.

(1) 週末(しゅうまつ)は **静(しず)かで** 人(ひと)も 少(すく)ないです。 주말은 조용하고 사람도 적습니다.

(2) みんな **真面目(まじめ)で** 仕事(しごと)も 熱心(ねっしん)です。 모두 성실하고 일도 열심입니다.

(3) 酒(さけ)が **好(す)きで** 友達(ともだち)と よく 飲(の)みます。 술을 좋아해서 친구와 자주 마십니다.

(4) この病院(びょういん)は **有名(ゆうめい)で** 患者(かんじゃ)が 多(おお)いです。 이 병원은 유명해서 환자가 많습니다.

作文 강이 깨끗해서 물고기가 많습니다. (川(かわ), 魚(さかな)) ⇨ ____________________。

4 ~で

✎ では '~에서'와 같이 행위가 이루어지는 장소를 나타내거나, '~으로'와 같이 수단, 방법, 재료, 도구나 원인, 이유 등을 나타낸다.

(1) デパートで 買い物を します。 백화점에서 쇼핑을 합니다.

(2) 週末は 家で ドラマを 見ます。 주말은 집에서 드라마를 봅니다.

(3) いつも スマホで 写真を 撮ります。 언제나 스마트폰으로 사진을 찍습니다.

(4) 時々 学校まで 自転車で 行きます。 때때로 학교까지 자전거로 갑니다.

(5) たまに 子供たちは 風邪で 欠席します。 가끔 아이들은 감기로 결석합니다.

(6) 毎年 台風で 被害が たくさん 出ます。 매년 태풍으로 피해가 많이 납니다.

作文 식당에서 점심을 먹습니다. (食堂, 昼ご飯) ⇨ ______________________________。

5 ～し

し(~이고/하고)는 술어 보통체나 정중체에 접속하여, 술어를 열거할 때 사용한다.

(1) 彼は お金も あるし、能力も あります。 그는 돈도 있고 능력도 있습니다.
彼は お金も ありますし、能力も あります。

(2) お茶は おいしいし、健康にも いいです。 차는 맛있고, 건강에도 좋습니다.
お茶は おいしいですし、健康にも いいです。

(3) 田舎は 水も きれいだし、景色も いいです。 시골은 물도 깨끗하고, 경치도 좋습니다.
田舎は 水も きれいですし、景色も いいです。

(4) 今日は 休みだし、来る お客さんも いません。 오늘은 휴일이고 오는 손님도 없습니다.
今日は 休みですし、来る お客さんも いません。

作文 그는 공부도 하고 밤에는 일도 합니다. (勉強, 仕事)

⇨ ____。

일본어로 써보기

01. 리포트는 선생님에게 냅니다.

➡ ____。

02. 모두 일본어를 공부하는 학생입니다.

➡ ____。

03. 더우니 물을 많이 마십시다.

➡ ____。

04. 조금 더 결과를 기다립시다.

➡ ____。

05. 사장님은 친절하고 상냥한 분입니다.

➡ ____。

06. 그 가게는 유명해서 항상 사람이 줄을 섭니다.

➡ ____。

07. 역 앞에서 4시에 만납시다.

➡ ____。

08. 이름은 片仮名로 씁니다.

➡ ____。

09. 여름은 짧고 겨울은 깁니다.

➡ ____。

10. 학교에서 영어도 배우고 중국어도 배웁니다.

➡ ____。

단어

● レポート 리포트 ● 結果(けっか) 결과 ● 社長(しゃちょう) 사장님 ● 方(かた) 분 ● 駅(えき)の前(まえ) 역 앞 ● 片仮名(カタカナ) 카타카나 ● 英語(えいご) 영어 ● もう少(すこ)し 조금 더 ● 短(みじか)い 짧다 ● 長(なが)い 길다 ● 出(だ)す 내다 ● 勉強(べんきょう)する 공부하다 ● 待(ま)つ 기다리다 ● 並(なら)ぶ 늘어서다, 한 줄로 서다 ● 書(か)く 쓰다 ● 習(なら)う 배우다

일본 엿보기

일본의 철도

일본은 철도교통이 크게 발달한 나라이다. 일본의 철도는 1872년 東京와 横浜 사이에 증기기관차 노선이 처음 개통하면서 시작되었으며, 그로부터 150여년이 지난 현재, 도시 내 수송, 도시간 수송에 있어서 철도가 중요한 역할을 담당하고 있다. 일본의 철도 총연장은 23,474km(JR 2만km, 기타 사철 7천km)로, 東京都 내의 전철 노선수만 60개 이상이며, 일본 수도권 전체의 노선수는 100개 이상으로 세계 최대의 광역철도망을 자랑한다. 특히 여객 수송 인원은 연간 235억 명으로 세계 1위, 전 세계 철도 승객의 40%를 차지하는 철도대국으로 성장하였다.

일본의 철도를 운영하는 회사는 크게 JR그룹, 사철, 지하철로 나뉜다. JR(Japan Railways)은 일본의 간선철도망을 운영하는 회사로, 1987년 일본국유철도가 민영화 및 분할된 후, 6개의 여객철도 회사(JR北海道, JR東日本, JR東海, JR西日本, JR四国, JR九州)와 1개의 화물철도 회사(JR貨物)가 각자의 지역에서 철도를 운영하고 있다. 東京를 포함한 일본 동부지역을 담당하고 있는 JR東日本의 가장 대표적인 노선으로는 山の手線이 있는데, 東京의 도심과 부도심 사이를 운행하는 순환 철도로 30개 역 중 28개역이 모두 다른 철도나 지하철과 연결되며 일본 수도권 교통의 중추적 역할을 하고 있다.

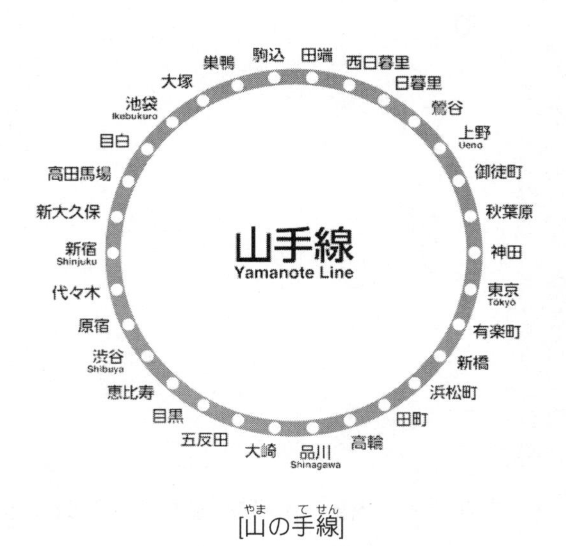

[山の手線]

민영철도라고도 하는 사철은 사기업이 운영하는 철도로, 일반적으로 대, 준대, 중소 사철의 3개 그룹으로 나뉘는데, 대도시의 광역전철 수송을 중심으로 대기업으로 발전한 16대 대규모 민영철도와 5대 준대규모 민영철도, 그리고 일본 전역에 세워진 중소규모 민영철도가 있다. 東京에는 10개의 사철 라인이 있는데, 공항라인, 특정 관광지를 중심으로 운행하는 라인 등 테마가 있는 라인이 주를 이룬다.

지하철은 東京都, 大阪市, 名古屋市, 札幌市, 福岡市를 비롯한 여러 대도시에 있으며, 대부분은 공영으로 운영하고 있다. 이 중 東京의 지하철은 東京 지하철 주식회사의 東京メトロ의 9개 노선과 東京都 교통국의 都営地下鉄의 4개 노선으로, 총 13개 노선의 280개 이상의 역이 복잡하게 얽혀 있으며, 주요 대도시권과 교통 네트워크를 이루고 있다.

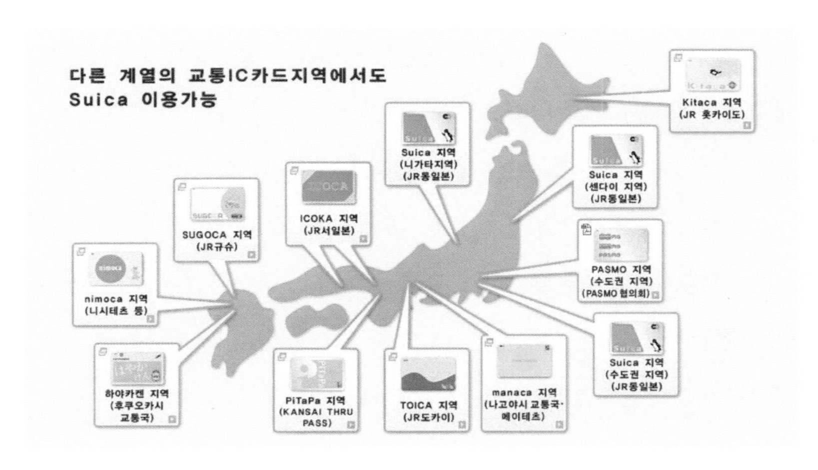

[交通系ICカード]

일본은 철도 이용 시 일본 각지 철도회사가 발행하는 교통카드(交通系ICカード)를 사용하는데, Suica(東京, 新潟, 仙台), PASUMO(関東地方), ICOKA(関西地方), NIMOCA(九州地方) 등 전국에서 10종류가 발매되고 있으며, 교통카드 회사들의 협업으로 지역에 상관없이 전국에

서 사용이 가능하다. 교통카드는 전국의 전철역 매표소 및 승차권자동발매기에서 구입하고, 충전(現金チャージ)은 역뿐만 아니라 편의점에서도 가능하다. 다만, 한국과 달리 편의점에서 구입할 수는 없다. 대중교통 외에도 편의점, 상점, 자판기, 카페, 패스트푸드점 등 다양한 곳에서 교통카드로 결제할 수 있어서 현금 사용으로 동전이 많이 생기는 일본에서 매우 편리하게 이용할 수 있다.

한국은 각 지역마다 대중교통 통합요금제도를 운영 중이어서, 통합요금제도의 적용을 받는 지하철과 시내버스는 환승할인이 되는 반면, 일본에는 200여 개의 철도사업자가 존재하고 각 철도회사의 운영방식이 서로 달라 운임을 도시별로 통합하는 등의 정책을 사용하지 않기 때문에, 다른 회사의 노선으로 환승 시 승차권을 별도로 구입해야 한다. 통근, 통학할 때는 정기승차권을 사용하면 교통비를 절감할 수 있고, 여행자를 위한 각종 할인 티켓도 발달되어 있어 여행 목적지와 계획에 맞추어 각종 할인티켓을 잘 이용하면 보다 저렴하게 이용할 수 있다. 예를 들어, 東京 23구 내에서 운행하는 JR東日本의 각 노선, 東京メトロ, 都営地下鉄, 버스를 자유롭게 이용할 수 있는 '東京 1일 승차권'(어른 1,600엔), 東京 23구 내 보통열차(쾌속 포함)를 자유롭게 타고 내릴 수 있는 '都区内 패스'(어른 760엔), 東京メトロ 및 都営地下鉄의 모든 노선을 1일간 자유롭게 승하차할 수 있는 '都営地下鉄・東京メトロ 공통 1일 승차권'(어른 900엔) 등이 있다. 그 외 北海道에서 九州까지 일본 전지역의 JR선 보통열차(쾌속 포함)를 자유롭게 타고 내릴 수 있는 '청춘18티켓' 등도 있다.

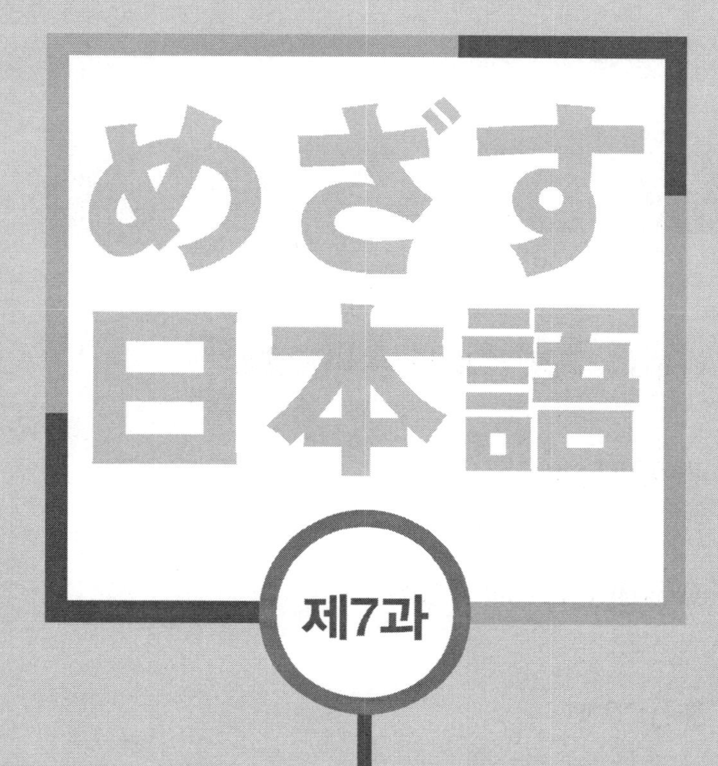

とうきょう と ちょう
東京都庁

대화

ソン　新宿(しんじゅく)は 高層(こうそう)ビルが 多(おお)いですね。

伊藤(いとう)　そうでしょう。

ソン　あの建物(たてもの)は 何(なん)ですか。

伊藤　都庁(とちょう)です。

ソン　とても 立派(りっぱ)な 建物(たてもの)ですね。

ソン　ソウルは 市(し)ですが、東京(とうきょう)は 市(し)ではなく 都(と)ですか。

伊藤　そうです。ソウルは 特別市(とくべつし)ですが、東京(とうきょう)は 都(と)です。
ですから、都庁(とちょう)·都知事(とちじ)と 言(い)いますね。

ソン　ソウル市(し)は 区(く)しかないですが、東京都(とうきょうと)は 区(く)だけではなく
市(し)もありますね。

伊藤　区(く)は 昔(むかし)からの 東京(とうきょう)で、市(し)は 新(あたら)しい 東京(とうきょう)ですね。

ソン　では、東京(とうきょう)には 都庁(とちょう)・区役所(くやくしょ)・市役所(しやくしょ)が あるのですね。

단 어

- 高層(こうそう) 고층
- ビル 빌딩
- 建物(たてもの) 건물
- 何(なん) 무엇
- 都(と)・市(し)・区(く) 도・시・구(행정구역)
- 都庁(とちょう) 도청
- 特別(とくべつ) 특별
- 都知事(とちじ) 도지사
- 昔(むかし) 옛날
- 役所(やくしょ) 관공서
- 新(あたら)しい 새롭다
- 立派(りっぱ)だ 훌륭하다
- 言(い)う 말하다
- だけ ~뿐, 만
- では 그럼, 그러면

문법과 표현

~ではなく

ではなくは ではない(~이 아니다)가 활용한 형태로, '~이 아니고/아니라'의 의미를 갖는데, ではなくてな じゃなく(て)의 형태로 사용할 수 있다.

(1) トマトは 果物ではなく 野菜です。 토마토는 과일이 아니라 야채입니다.

(2) 彼は 会社員ではなく 公務員です。 그는 회사원이 아니라 공무원입니다.

(3) この電車は 急行ではなく 特急です。 이 전철은 급행이 아니라 특급입니다.

(4) 本屋は 公園の 前ではなく 後ろに あります。 서점은 공원의 앞이 아니라 뒤에 있습니다.

作文 한국어가 아니라 일본어로 이야기합시다.(話す)

⇨ ______________________________。

2 ~と

と(~(이)라고/(으)로)는 인용이나 결과 등을 나타내는 조사로, 思う, 言う, 聞く, 書く, 読む, 見る, 見える 등의 동사와 함께 사용한다.

(1) 試験には 合格と 見えます。 시험에는 합격으로 보입니다.

(2) この 漢字は 梅雨と 読みます。 이 한자는 梅雨라고 읽습니다.

(3) 犯人(はんにん)の 話(はなし)は うそだと 思(おも)います。　범인의 이야기는 거짓이라고 생각합니다.

(4) 完成(かんせい)まで 時間(じかん)が かかると 言(い)います。　완성까지 시간이 걸린다고 말합니다.

作文 일본의 편의점은 편리하다고 생각합니다.(コンビニ)

⇨ ______________________________。

3 ～しかない

しかない(～밖에 없다)는 '명사/동사+しか+부정형'의 형태로, 그것뿐임을 한정하여 나타내는 경우에 사용한다.

(1) もう 方法(ほうほう)は 一(ひと)つしか **ないです。**　이미 방법은 하나밖에 없습니다.

(2) 試合(しあい)は 中止(ちゅうし)するしか **ありません。**　시합은 중지할 수밖에 없습니다.

(3) 飲(の)み物(もの)は ジュースしか **ありません。**　음료는 주스밖에 없습니다.

(4) そこは タクシーで 行(い)くしか **ないです。**　거기는 택시로 갈 수밖에 없습니다.

作文 출발까지 앞으로 10분밖에 없습니다. (出発(しゅっぱつ), あと)

⇨ ______________________________。

수사(고유어)

하나	둘	셋	넷	다섯
一(ひと)つ	二(ふた)つ	三(みっ)つ	四(よっ)つ	五(いつ)つ
여섯	**일곱**	**여덟**	**아홉**	**열**
六(むっ)つ	七(なな)つ	八(やっ)つ	九(ここの)つ	十(とお)

4 ～で

で는 'だ(이다)'가 활용한 것으로, '～이고/이며/으로'의 의미를 나타낸다.

(1) 右は 海で、左は 山です。 오른쪽은 바다고, 왼쪽은 산입니다.

(2) 今週は 休みで、仕事が ありません。 이번 주는 휴일로, 일이 없습니다.

(3) 明日が 締め切りで、時間が ありません。 내일이 마감으로, 시간이 없습니다.

(4) 彼は 有名な 作家で、出身は 大阪です。 그는 유명한 작가로, 출신은 大阪입니다.

作文 발표는 5시로, 시간은 충분합니다. (発表, 充分だ)

⇨ ______________________________。

5 ～のです

の(것)는 앞 문장(절)을 받아 이를 명사 상당 어구로 만들어주는 형식명사인데, のだ(のです)는 조동사의 역할을 하여, 앞문에 대한 이유나 결과를 나타내거나, 어떤 상황으로부터 판단되는 사항을 말하거나, 무언가를 설명하거나 강조하여 말하는 경우 등에 사용한다. のだ(のです)는 んだ(んです)의 형태로 줄일 수 있다.

(1) みんな 安いから 買うのです。 모두 싸기 때문에 사는 겁니다.

(2) 社長も 会議に 来るんですね。 사장님도 회의에 오는 거로군요.

(3) この 漢字は こう 書くんです。 이 한자는 이렇게 쓰는 겁니다.

(4) 明日は 父の 誕生日なのです。 내일은 아버지의 생일입니다.

作文 그녀는 술을 못합니다. (酒, 苦手だ) ⇨ ______________________________。

▍시간(月(がつ): 월)

一月	二月	三月	四月	五月	六月
いちがつ	にがつ	さんがつ	しがつ	ごがつ	ろくがつ
七月	八月	九月	十月	十一月	十二月
しちがつ	はちがつ	くがつ	じゅうがつ	じゅういちがつ	じゅうにがつ

▍날짜(日(にち): 일)

1日	2日	3日	4日	5日
ついたち	ふつか	みっか	よっか	いちか
6日	7日	8日	9日	10日
むいか	なのか	ようか	ここのか	とお
11日	12日	13日	14日	15日
じゅういちにち	じゅうににち	じゅうさんにち	じゅうよっか	じゅうごにち
16日	17日	18日	19日	20日
じゅうろくにち	じゅうしちにち	じゅうはちにち	じゅうくにち	はつか
21日	22日	23日	24日	25日
にじゅうににち	にじゅうににち	にじゅうさんにち	にじゅうよっか	にじゅうごにち
26日	27日	28日	29日	30日
にじゅうろくにち	にじゅうしちにち	にじゅうはちにち	にじゅうくにち	さんじゅうにち
31日				
さんじゅういちにち				

01. 그는 배우가 아니라 유명한 가수입니다.

➡ ____。

02. 저 멋진 건물은 미술관이 아니라 도서관입니다.

➡ ____。

03. 그녀는 반드시 합격하리라 생각합니다.

➡ ____。

04. 그는 스포츠를 잘한다고 합니다.

➡ ____。

05. 마감까지 앞으로 일주일밖에 없습니다.

➡ ____。

06. 여행은 포기할 수밖에 없습니다.

➡ ____。

07. 뒤는 산이고, 앞은 바다입니다.

➡ ______________________________。

08. 지금부터 수업으로, 4시에 끝납니다.

➡ ______________________________。

09. 내일 학교에서 모이는 겁니까?

➡ ______________________________。

10. 여름방학은 8월에 시작합니다.

➡ ______________________________。

단어

• 俳優(はいゆう) 배우 • 歌手(かしゅ) 가수 • 建物(たてもの) 건물 • 美術館(びじゅつかん) 미술관 • 図書館(としょかん) 도서관 • 合格(ごうかく) 합격 • スポーツ 스포츠 • 一週間(いっしゅうかん) 일주일 • 旅行(りょこう) 여행 • 夏休み(なつやすみ) 여름방학 • 必ず(かならず) 반드시 • これから 앞으로 • 素敵だ(すてきだ) 멋지다 • 上手だ(じょうずだ) 잘하다 • あきらめる 포기하다 • 終わる(おわる) 끝나다 • 集まる(あつまる) 모이다 • 始まる(はじまる) 시작하다

일본 엿보기

일본의 수도

東京都는 일본의 수도이자 정치와 경제의 중심지이다. 関東지방에 위치해 있는 都로, 동부는 東京湾에 접해 있고, 서부는 산지(関東山地)가 펼쳐져 있다. 東京都의 면적은 약 2,194㎢으로 서울의 약 3.6배이며, 인구는 약 1,400만 명(2021년 기준)으로 일본 인구의 약 11%를 차지한다. 일본 열도의 중심인 만큼 인구밀도도 都道府県 중에서 가장 높다. 일본의 수도권은 東京都와 주변의 7県(茨城県, 栃木県, 埼玉県, 群馬県, 千葉県, 神奈川県, 山梨県)으로 구성되어 있는데, 특히 東京都와 인접해 있는 3県(埼玉県・千葉県・神奈川県)으로 구성된 東京圏의 인구는 약 3,500만 명으로, 이는 일본 전체 인구의 약 30%이며, 폴란드나 모로코, 캐나다 등의 총 인구에 필적한다.

東京都는 東京都区部, 多摩地域, 東京都島嶼部로 구성된 광역지자체이다. 区部는 23개의 특별구로 이루어져 있으며, 東京23区, 東京特別区라고도 하며, 1943년 이전에는 東京市에 속한 지역이었다. 도심지역(千代田区, 中央区, 港区)과 부도심지역(新宿区, 文京区, 渋谷区, 豊島区) 등 대도시가 여기에 속하며, 일본의 정치・경제・문화적인 거점으로 다양한 상업시설과 교통 인프라가 집중되어 있다. 多摩地域는 東京의 서쪽지역으로 26市, 3町, 1村로 이루어져 있으며, 1943년 이전에는 東京府에 속했던 지역이다. 東京 도심의 침상도시 역할을 하며, 東京都 인구의 약 3분의 1에 해당하는 420만 명이 넘는 사람들이 이 지역에 거주하고 있다. 東京都島嶼部는 도심으로부터 1,850km까지 뻗어있는 수많은 외곽의 섬들을 말하는 것으로, 이 지역은 해양자원이 풍부하고 광대한 배타적 경제수역 확보에 기여하는 등 중요한 역할을 맡고 있다.

東京의 옛 이름은 江戸이며, 江戸城를 중심으로 한 작은 어촌마을이었다. 江戸는 세키가하라 전투(関ヶ原の戦い)를 통해 일본 천하를 손에 넣은 徳川家康가 1603년에 자신의 근거지인 江戸에 막부(일본의 무사정권)를 세우면서 비약적으로 발전하기 시작해, 정치・경제・문화의 중심지로 발전했으며, 18세기 중반에는 100만 명 이상의 세계 최대의 인구를 가진 대도시로 변모하였다. 1868년에 260여 년간 이어진 江戸막부가 무너지면서 江戸에서 東京로 명칭이 바뀌었고, 天皇가 京都에서 東京로 천도하면서 江戸城는 皇居(天皇의 거처)가 되어, 東京는 명실상부한 일본의 수도로 자리매김하게 되었다. 1871년에 東京府가 설치되고, 1888년에 東京府 안에 15개의 구(区)로 구성된 東京市가 설치되었는데, 1943년에 수도의 행정구역을 강화할 목적으로 府・市의 이중행정이 폐지되고, 이를 통합한 형태인 東京都가 설치되었다.

東京都는 20세기에 두 번의 대재해를 겪었다. 1923년에 발생한 규모 7.9의 関東大震災는 14만 명 이상의 인명피해가 발생하고 목조 위주였던 30만 가옥이 크게 손실되는 등 東京 전역을 수렁에 빠뜨렸다. 그 뒤, 1931년 羽田 공항의 완성, 1941년 東京港의 개항과 더불어, 교외 전철의 발달로 교외로의 시가지 확장이 한층 가속화되며 1935년 東京의 거주 인구는 636만 명에 달해 뉴욕, 런던과 대등한 수준으로 성장했다. 그러나 제2차 세계대전 말기인 1945년에 발생한

東京大空襲로 10만 명 이상이 사망하였고 도시의 절반이 파괴되었다. 1945년 당시 東京都의 인구는 349만 명으로 1940년의 절반 수준으로 감소하였다.

일본 경제는 1960년대에 고도 경제 성장 시대로 돌입하게 된다. 이 시기에는 기술혁신과 새로운 산업・기술의 도입, 화학섬유, TV, 냉장고, 세탁기 등 가전제품이 양산되어 東京都民의 생활이 크게 변화했다. 또한 1964년 東京オリンピック 개최를 통해 新幹線과 수도 고속도로 등이 개통되어 東京 번영의 기반이 마련되었다. 1980년대에 접어들어 東京는 국제화와 정보화로 비약적인 경제 성장을 이룩해 세계 굴지의 대도시로 성장했으며, 이른바 '버블경제' 현상으로 東京의 부동산 가격이 폭등했다. 하지만 1990년대 들어 버블경제의 붕괴와 경제 침체의 장기화로 인한 세수 감소로 東京의 재정은 위기 상황에 직면했으며, 경기 불황으로 이어지면서 일본은 잃어버린 30년을 맞이하게 되었다.

하지만 여전히 東京는 뉴욕, 런던과 더불어 세계의 금융과 경제, 문화면에서 큰 영향력을 발휘하는 3대 도시에 속한다. 2019년도 영국 『이코노미스트』 조사에 의하면 東京는 '세계에서 가장 살기 좋은 도시'의 세계 랭킹 7위에 선정되었으며, 미국 싱크탱크에서 발표한 2020년도 세계도시랭킹에서는 뉴욕과 런던, 파리에 이어 세계 4위의 도시로 평가되었다.

新宿の名所

(しんじゅく の めいしょ)

대화

渡辺(わたなべ)　ここが歌舞伎町(かぶきちょう)です。

ソン　人が多(おお)いですね。

渡辺　夜(よる)はいつもおおぜいの人(ひと)で賑(にぎ)わいます。
外国人(がいこくじん)もたくさん来(き)ますが、たぶん韓国(かんこく)の方(かた)もいると思(おも)います。

ソン　いろんな店(みせ)がありますし、本当(ほんとう)に賑(にぎ)やかですね。

渡辺　飲(の)み屋(や)も多(おお)いですが、どこか入(はい)りませんか。

ソン　いや、ただ見(み)るだけでも楽(たの)しいです。
飲(の)むのは次(つぎ)の機会(きかい)にしましょうか。

渡辺　今度(こんど)いっぱい飲(の)みましょう。
さあ、ひととおり見(み)ましたが、どうですか。

ソン　とても楽(たの)しかったです。
新宿(しんじゅく)は見所(みどころ)が多(おお)いですね。

渡辺　近(ちか)くに伊勢丹(いせたん)という有名(ゆうめい)なデパートもありますが。

ソン　では、明日(あした)は伊勢丹(いせたん)と紀伊國屋(きのくにや)に行(い)きましょうか。

단 어

- おおぜい (사람이) 많음, 많이
- 外国人(がいこくじん) 외국인
- 本当(ほんとう) 정말, 진짜
- 飲(の)み屋(や) 술집
- ただ 그저, 단지
- 次(つぎ) 다음
- 機会(きかい) 기회
- 今度(こんど) 이번 이다음
- ひととおり 대강, 대충
- 見所(みどころ) 볼 만한 곳
- 近(ちか)く 근처
- たくさん (수나 분량이) 많음 , 많이
- たぶん 아마
- いろんな(=いろいろな) 여러
- 賑(にぎ)わう 북적대다, 활기차다
- 入(はい)る 들어가다, 들어오다
- さあ (남에게 어떤 행동을 재촉할 때) 자, 어서

문법과 표현

1 동사 부정형・과거형

동사의 종류		기본형	부정형	과거형
규칙 동사	5단동사	かう (사다)	かいません	かいました
		きく (듣다)	ききません	ききました
		つぐ (잇다)	つぎません	つぎました
		だす (내다)	だしません	だしました
		もつ (들다)	もちません	もちました
		しぬ (죽다)	しにません	しにました
		とぶ (날다)	とびません	とびました
		よむ (읽다)	よみません	よみました
		のる (타다)	のりません	のりました
	상1단동사	みる (보다)	みません	みました
	하1단동사	ねる (자다)	ねません	ねました
불규칙 동사	か행변격동사	くる (오다)	きません	きました
	さ행변격동사	する (하다)	しません	しました

1-1. 동사 부정형 ~ません

ません은 ます의 부정형으로, '~하지 않습니다(단순부정)/않겠습니다(부정의지)'의 의미를 나타낸다.

(1) 最近(さいきん)は 雪(ゆき)も 降(ふ)りません。　최근에는 눈도 내리지 않습니다.

(2) 父(ちち)は 酒(さけ)を あまり 飲(の)みません。　아버지는 술을 그다지 마시지 않습니다.

(3) もう 彼女(かのじょ)とは 二度(にど)と 会(あ)いません。 이제 그녀와는 두 번 다시 만나지 않겠습니다.

(4) これ以上(いじょう) 向(む)こうの 返事(へんじ)を 待(ま)ちません。 더 이상 상대방의 답을 기다리지 않겠습니다.

作文 아침밥은 거의 먹지 않습니다. (朝(あさ)ご飯(はん), ほとんど)

⇨ ____。

1-2. 동사 과거형 ~ました

ましたは ますの 과거형으로 '~았/었습니다'의 의미를 나타낸다.

(1) 試合(しあい)の 結果(けっか)は テレビで 見(み)ました。 시합 결과는 텔레비전에서 봤습니다.

(2) 教科書(きょうかしょ)の 内容(ないよう)を 全部(ぜんぶ) 覚(おぼ)えました。 교과서 내용을 전부 외웠습니다.

(3) 彼(かれ)は 先週(せんしゅう) 友達(ともだち)と 日本(にほん)に 行(い)きました。 그는 지난주 친구와 일본에 갔습니다.

(4) 昨日(きのう)は 一日中(いちにちじゅう) 図書館(としょかん)で 勉強(べんきょう)しました。 어제는 하루 종일 도서관에서 공부했습니다.

作文 작년에 회사를 그만두었습니다. (去年(きょねん), やめる)

⇨ ____。

2 형용사 과거형

형용사의 과거형은 어간에 かった를 붙이며, 정중한 형태로 かったです를 사용한다.

기본형 : ~い	과거형 : ~かった	과거 정중형 : ~かったです
うれしい (기쁘다) かなしい (슬프다)	うれしかった (기뻤다) かなしかった (슬펐다)	うれしかったです (기뻤습니다) かなしかったです (슬펐습니다)

(1) 今度の 修学旅行は 楽し**かった**。 이번 수학여행은 즐거웠다.

(2) 昔は 農村も 人口が 多**かった**。 옛날에는 농촌도 인구가 많았다.

(3) 冬の 海は かなり 寒**かったです**。 겨울 바다는 꽤 추웠습니다.

(4) 夕焼けの 景色は 素晴らし**かったです**。 저녁노을의 경치는 훌륭했습니다.

作文 올해 시험은 어려웠습니다. (今年, 試験) ⇨ ________________________。

3 ～だけ

だけ(만/뿐)는 한정을 나타내는 조사로, 명사뿐 아니라 동사 등에도 직접 붙어 사용되어, 형식명사 없이 '~(하는 것) 만/뿐'의 의미를 나타낸다.

(1) この病気は 薬**だけで** 治ります。 이 병은 약만으로 낫습니다.

(2) 今度の 試験に 友達**だけが** 落ちました。 이번 시험에 친구만이 떨어졌습니다.

(3) 注文は ボタンを 押す**だけで** 終わりです。 주문은 버튼을 누르는 것만으로 끝입니다.

(4) 家族の 写真を 見る**だけでも** 幸せです。 가족의 사진을 보는 것만으로도 행복합니다.

作文 우유를 마시는 것만으로 충분합니다.(牛乳, 充分だ)

⇨ ____。

4 ～という

という는 (A)라고 하는 (B)의 의미로, (A)는 이어지는 명사 (B)의 내용을 나타낸다.

(1) HERO**という** 日本の ドラマを 見ました。 히어로라는 일본 드라마를 봤습니다.

(2) 高橋さん**という** 方から 電話が 来ました。 高橋씨 라는 분으로부터 전화가 왔습니다.

(3) 仕事は 6時までだ**という** 規則が あります。 일은 6시까지라고 하는 규칙이 있습니다.

(4) 彼は 渋滞で 少し 遅れる**という** 連絡です。 그는 차가 밀려서 조금 늦는다는 연락입니다.

作文 이것은 뭐라고 하는 음식입니까? (何, 食べ物) ⇨ ____________________。

5 ～か

✎ か(~인가/인지)는 의문사 등에 붙어 그 내용을 확실하지 않은 상태로 제시할 때 사용한다.

(1) **どこか** おいしい 店を 探しましょう。 어딘가 맛있는 가게를 찾읍시다.

(2) **何か** いい アイディアは ないですか。 무언가 좋은 아이디어는 없습니까?

(3) **なぜか** 彼女の 顔色が よくないです。 왠지 그녀의 얼굴색이 좋지 않습니다.

(4) **いつか** 幸せな 日が 来ると 思います。 언젠가 행복한 날이 오리라 생각합니다.

作文 몇 사람인가 찬성하는 사람도 있습니다. (何人, 賛成する)

⇨ ____。

일본어로 써보기

01. 내일 같이 점심을 먹지 않겠습니까?

➡ ______________________________ 。

02. 그녀의 생일을 깜박 잊어버렸습니다.

➡ ______________________________ 。

03. 주말은 날씨가 매우 좋았습니다.

➡ ______________________________ 。

04. 일본의 교통비는 상당히 비쌌습니다.

➡ ______________________________ 。

05. 운동만으로는 살이 빠지지 않습니다.

➡ ______________________________ 。

06. 지진 이야기는 듣는 것만으로 무섭습니다.

➡ ______________________________ 。

07. 「Lemon(レモン)」이라는 노래는 젊은이들에게 인기가 높습니다.

➡ ____。

08. 커피가 건강에 좋다는 이야기가 있습니다.

➡ ____。

09. 어딘가 아픈 곳은 없습니까?

➡ ____。

10. 무언가 사장님의 태도가 바뀌었습니다.

➡ ____。

단어

- 昼ご飯(ひるごはん) 점심
- 誕生日(たんじょうび) 생일
- 週末(しゅうまつ) 주말
- 天気(てんき) 날씨
- 交通費(こうつうひ) 교통비
- 運動(うんどう) 운동
- 地震(じしん) 지진
- 若者(わかもの) 젊은이
- 人気(にんき) 인기
- コーヒー 커피
- 健康(けんこう) 건강
- 話(はなし) 이야기
- ところ 곳
- 社長(しゃちょう) 사장
- 態度(たいど) 태도
- 一緒(いっしょ)に 함께, 같이
- うっかり 깜박
- 高(たか)い 높다, 비싸다
- 怖(こわ)い 무섭다
- 痛(いた)い 아프다
- 忘(わす)れる 잊어버리다
- やせる 살이 빠지다
- 聞(き)く 듣다
- 変(か)わる 바뀌다

일본 엿보기

동경의 명소

• **銀座** : '銀座'라는 지명은, 에도시대 때 도쿄 만의 일부를 흙으로 매립한 자리에 은화 제조소가 생겨나면서 '은화를 만드는 거리'라는 뜻으로 붙여졌다. 東京를 대표하는 고급 상업 지역으로, 전통 백화점과 고급 상점가, 골동품점이 밀집해 있는 일본 번화가의 대명사이자, 일본에서 땅값이 가장 비싼 지역으로 알려져 있다. 銀座는 수 세기에 걸쳐 예술 공연의 거점이 된 지역이기도 하여, 銀座에 위치한 일본의 전통 예능 歌舞伎전용 대극장인 歌舞伎座에서는 연중 다양한 공연이 무대에 오르고 있다. 銀座의 도로는 평일에는 차량이 줄을 지어 진입하지만, 주말과 공휴일에는 차량 진입을 금지한 '보행자 천국'으로 변한다.

• **新宿** : 池袋, 渋谷와 함께 東京의 3대 부도심 중 한 곳이자, 제일 큰 부도심으로 東京都庁 소재지이다. 新宿駅는 하루에 약 360만 명이 이용할 정도로 유동 인구가 매우 많아 역 주변이 매우 번화하다. 新宿駅의 동쪽에는 東京의 유명 백화점들과 일본 최대의 유흥가로 꼽히는 歌舞伎町가 있으며, 서쪽에는 1946년에 생긴 80개 이상의 작은 음식점이 늘어서 있는 골목 思い出横丁와 고층빌딩숲, 東京都庁가 있다. 新宿는 쇼핑과 유흥, 미식, 공원과 갤러리 등 즐길 거리가 풍부하며, 로봇 레스토랑과 거대한 고질라(ゴジラ)상, 侍박물관, テルマー湯 온천 등의 수많은 독특한 볼거리로 인기 많은 명소이기도 하다. 복합적 상업 지구라는 점에서 渋谷와 라이벌 관계이지만, 渋谷는 젊은 연령층이 많이 찾는 반면, 新宿는 보다 폭 넓은 연령층이 찾는 지역이다.

[銀座]

[新宿]

[渋谷]

- **渋谷** : 東京의 3대 부도심 중 하나로, 東京를 대표하는 상업 지역이다. 渋谷駅는 하루 약 330만 명의 이용객이 이용하는, 新宿에 이어 세계에서 두 번째로 붐비는 역으로 꼽힌다. 渋谷駅 앞에는 만남의 장소로 유명한 충견 하치코 동상(忠犬ハチ公銅像)이 있고, 그 건너편으로 일명 '渋谷スクランブル'라고 하는 渋谷 교차로가 있다. 신호가 바뀔 때마다 최대 2,500여 명이 동시에 길을 건너는 이 교차로는 '세계에서 가장 복잡한 교차로'라 일컬어지며, 국내외로부터 많은 관광객이 이곳을 찾는다. 渋谷는 과거와 현재의 패션을 주도하는 무대로, '젊은이들의 거리'로 알려져 있다. 대표적인 대형 쇼핑몰인 'Shibuya 109'는 유행에 민감한 청소년들이, '渋谷ヒカリエ'와 '西武百貨店 渋谷店'은 유행을 따르는 젊은 세대가 모인다. 또한 최신 유행에 걸맞게 영화관과 공연장, 초대형 음반매장 등 문화 예술 공간이 많이 밀집해 있다.

- **池袋** : 新宿, 渋谷와 함께 東京를 대표하는 번화가이다. 池袋駅를 기준으로 동쪽과 서쪽에는 대규모 번화가가, 북쪽에는 환락가가 있다. 池袋駅의 동쪽 출구부터 サンシャインシティ까지 이어지는 길을 サンシャイン60通り라고 하는데, 이 길 초입부에는 西武池袋本店, パルコ등 대형 백화점이 있고, 길을 따라 수많은 유명 음식점과 영화관, 게임센터 등이 모여 있다. 4개의 건물이 이어진 복합 시설인 サンシャインシティ에는 도시형 테마파크, 수족관, 극장, 전문점・식당가, 프린스 호텔 등이 있어, 연간 약 3천만 명에 달하는 방문객이 이곳을 찾는다. サンシャイン60의 서쪽에는 乙女ロード가 있는데, 애니메이션 관련 상품이나 책 등을 판매하는 アニメイト 등의 매장이 이곳을 중심으로 밀집되어 있다. 池袋駅의 서쪽 출구에는 東武百貨店, 복합 쇼핑 빌딩인 メトロポリタンプラザ, 東京예술극장, 池袋西口공원, 立教대학교와 라이브 하우스나 극장 등이 모여 문화・예술의 거리를 이루고 있다.

[池袋]

[上野]

[浅草]

- **上野** : 上野는 上野恩賜公園을 중심으로 한, 東京 제일의 예술, 문화의 중심지로 손꼽히는 지역이다. 1873년 일본 최초의 공원으로 지정된 53만㎡ 면적의 上野公園은, 공원 내・외부에 東京국립박물관, 국립과학박물관 등의 박물관, 국립서양미술관, 東京都미술관 등의 미술관, 寛永寺, 上野東照宮 등의 역사적 건축물까지 문화, 예술 시설이 집합되어 있다. 또한, 1882년에 개장한 일본 최초의 동물원인 上野동물원은 자이언트 판다를 볼 수 있는 것으로 유명하다. 上野公園 건너편에는 약 500m의 거리에 400여 점포가 모여 이루어진 アメ横商店街가 있다. 식품, 의류, 잡화, 장신구 등의 가게가 업종별로 모여 있는데, 상인들이 기세 좋게 식료품, 잡화 등을 선전하는 목소리가 'アメ横'의 상징이기도 하다.

- **浅草** : 浅草는 전통적인 색깔을 잘 간직한 東京를 대표하는 관광지로, 1,400년 역사의 浅草寺와 액운을 막아준다는 수호문인 雷門이 浅草의 상징이다. 예로부터 上野와 더불어 서민적인 下町(옛 상업지역)의 정서를 느낄 수 있는 지역으로 유명하다. 浅草寺 본당에서 雷門까지 이어지는 길인 仲見世通り는 江戸시대에 형성된 일본에서 가장 오래된 상점가로 알려진 곳으로, 일본 특유의 기념품을 살 수 있는 약 90여개의 점포가 늘어서 있다. 東京의 랜드마크 중 하나인 東京スカイツリー가 근처에 있어, 전망대에서 주변 전경을 조망할 수 있다. 매년 5월에는 江戸 3대 축제 중 하나로 꼽히는 三社祭가 열리고, 매년 7월 마지막 토요일에는 浅草 동쪽의 隅田川에서 일본을 대표하는 불꽃놀이 행사 중 하나인 隅田川 花火大会가 개최되어 인파로 붐빈다.

しんじゅくえき
新宿駅

대화

ソン　新宿駅も広いですね。

山本　新宿も人が集まるところで駅の利用者が多いですから。

ソン　出口を探すのが難しくないですか。

山本　私もたまに出口を間違えて苦労しました。

ソン　日本も一人暮らしの人が多いんですか。

山本　若者の多い東京などは多いでしょう。
韓国はどうですか。

ソン　韓国も同じだと思います。
特に若者の多くが仕事を求めてソウルに来ますので、
一人で暮らすしかないですね。

山本　仕方(しかた)がないでしょうが、一人(ひとり)で暮(く)らすとやはり寂(さび)しいと思(おも)いますね。

ソン　一人暮(ひとりぐ)らしは楽(らく)なところもあるでしょうが、病気(びょうき)の時(とき)などは困(こま)りますね。

단어

- 利用者(りようしゃ) 이용자
- 出口(でぐち) 출구
- 一人暮(ひとりぐ)らし 독신생활
- 若者(わかもの) 젊은이
- 多(おお)く 많음, 대부분
- 病気(びょうき) 병
- たまに 가끔
- 特(とく)に 특히
- 仕方(しかた)がない 어쩔 수 없다
- 寂(さび)しい 외롭다
- 同(おな)じだ 같다
- 楽(らく)だ 편하다
- 集(あつ)まる 모이다
- 探(さが)す 찾다
- 間違(まちが)える 잘못하다, 착각하다
- 苦労(くろう)する 고생하다
- 求(もと)める 구하다, 바라다
- 暮(く)らす 생활하다
- 困(こま)る 곤란하다
- など 따위, 등

문법과 표현

1 동사 て형

- 동사 て형(~하고/~해서)은 열거나 수식의 의미를 나타내는데, 접속에 불규칙한 변화를 일으킨다. 즉 연속되는 음이 발음하기 쉽게 변하는 '音便(おんびん)'현상이 나타난다.
- '音便(おんびん)'현상은 오단동사의 연용형에 て나 た(과거어미)가 접속할 때 일어나는데, 'イ音便', '促音便', '撥音便'이 있다.

동사의 종류		규칙		기본형 → 동사 + て형
규칙 동사	5단동사	イ音便	–く → いて –ぐ → いで	聞(き)く → 聞(き)いて (듣고, 들어서) 次(つ)ぐ → 次(つ)いで (잇고, 이어서) 行(い)く → 行(い)って (가고, 가서) * 예외
		促音便	–う –つ → –って –る	買(か)う → 買(か)って (사고, 사서) 持(も)つ → 持(も)って (들고, 들어서) 乗(の)る → 乗(の)って (타고, 타서)
		撥音便	–ぬ –ぶ → –んで –む	死(し)ぬ → 死(し)んで (죽고, 죽어서) 飛(と)ぶ → 飛(と)んで (날고, 날아서) 読(よ)む → 読(よ)んで (읽고, 읽어서)
			–す → –して	出(だ)す → 出(だ)して (내고, 내서)
	상1단동사		–る → –て	見(み)る → 見(み)て (보고, 봐서)
	하1단동사			寝(ね)る → 寝(ね)て (자고, 자서)
불규칙 동사	か행변격동사		–	来(く)る → きて (오고, 와서)
	さ행변격동사			する → して (하고, 해서)

(1) (飲む) 薬を**飲んで**早く寝ました。 약을 먹고 일찍 잤습니다.

(勝つ) 韓国が**勝って**嬉しかったです。 한국이 이겨서 기뻤습니다.

(泳ぐ) 彼女は川を**泳いで**渡りました。 그녀는 강을 헤엄쳐 건넜습니다.

(消す) テレビを**消して**宿題をしました。 텔레비전을 끄고 숙제를 했습니다.

(2) (借りる) 図書館で本を**借りて**来ました。 도서관에서 책을 빌려 왔습니다.

(かける) 電話を**かけて**場所を確認しました。 전화를 걸어 장소를 확인했습니다.

(3) (来る) 日本に**来て**やっとわかりました。 일본에 와서 겨우 알았습니다.

(する) 大学院に**進学して**勉強を続けます。 대학원에 진학해서 공부를 계속합니다.

作文 수업은 9시에 시작해서 4시에 끝납니다. (始まる, 終わる)

⇨ ____。

2 ～でしょう

でしょう는 말하는이의 추측(～일 것입니다)이나, 듣는이에 대한 확인(～이(겠)지요?)을 나타낸다.

(1) あの選手も試合に出る**でしょう**。↘ 추측 : 저 선수도 시합에 나올 것입니다.

あの選手も試合に出る**でしょう**。↗ 확인 : 저 선수도 시합에 나오겠지요?

(2) そんなに難しい仕事ではない**でしょう**。↘ 추측 : 그렇게 어려운 일이 아닐 것입니다.

そんなに難しい仕事ではない**でしょう**。↗ 확인 : 그렇게 어려운 일이 아니죠?

(3) 彼はきっと成功して帰ってくる**でしょう**。↘ 그는 틀림없이 성공해서 돌아올 것입니다.

(4) 最近のドラマはなかなか面白い**でしょう**。↗ 최근의 드라마는 꽤 재미있죠?

作文 학교를 그만둔다는 이야기는 농담이죠? (辞める, 冗談)

⇨ ____。

3 ～と(조건표현)

조건(~하면/하자/하니)을 나타내는 と는 술어 종지형에 붙어, 시간에 관계 없이 항상 성립하는 논리적・필연적 관계를 나타내는 **일반조건**(원리/법칙, 자연현상, 길 안내 등에 사용)이나, 개별 사태에 있어서 앞문의 조건하에 뒷문이 성립함을 나타내는 **가정조건**, 앞문이 성립된 후 이를 전제로 일어나는 뒷문의 발견, 의외, 놀람 등의 결과를 나타내는 **확정조건** 등의 다양한 용법으로 사용된다.

[일반조건]

(1) 春になる**と**桜の花が咲きます。　봄이 되면 벚꽃이 핍니다.

(2) ボタンを押す**と**お釣りがでます。　버튼을 누르면 잔돈이 나옵니다.

[가정조건]

(3) 彼は酒を飲む**と**すぐ酔います。　그는 술을 마시면 바로 취합니다.

(4) 辛いものを食べる**と**汗をかきます。　매운 것을 먹으면 땀을 흘립니다.

[확정조건]

(5) 家に帰る**と**だれもいなかった。　집에 돌아가자 아무도 없었다.

(6) 部屋に入る**と**かわいい子犬がいた。　방에 들어가자 귀여운 강아지가 있었다.

作文 다리를 건너면 오른쪽에 있습니다. (橋, 渡る)

⇨ ____。

~になる

なる(되다)는 결과를 나타내는데 그 대상에 조사 が는 사용하지 못하고, 반드시 に만을 사용한다.

(1) 来年二人は夫婦**になります**。　내년에 둘은 부부가 됩니다.

(2) 料金は四万八千円**になります**。　요금은 4만 8천円이 되겠습니다.

4 ～ので

✎ ので(～이니까/이므로/이어서)는 술어 연체형에 붙어 원인이나 이유를 나타낸다. からに 비해 정중한 문체에 많이 사용하며 んでで로 줄여 쓸 수 있다.

✎ 명사・형용동사에는 なので(なんで)의 형태로 사용된다.

(1) 用事があるのでこれで失礼します。 볼 일이 있어서 이만 실례하겠습니다.

(2) 体が弱いので酒はあまり飲みません。 몸이 약해서 술은 그다지 마시지 않습니다.

(3) この服は派手なので私には似合いません。 이 옷은 화려해서 저에게는 안 어울립니다.

(4) 今日母の誕生日なのでケーキを買いました。 오늘 엄마 생일이어서 케이크를 샀습니다.

作文 손님이 오기 때문에 방을 정리했습니다. (片付ける)

⇨ ____。

5 の(연체수식절 내의 격조사)

✎ の는 명사를 수식하는 절 내에서 조사 が와 같이 주격을 나타내는 조사로 사용된다.

(1) 危険の多い仕事はだめです。 위험이 많은 일은 안 됩니다.

(2) 授業のない日はバイトをします。 수업이 없는 날은 아르바이트를 합니다.

(3) 母の作る料理は美味しいです。 엄마가 만드는 요리는 맛있습니다.

(4) 花の咲く春はとてもきれいです。 꽃이 피는 봄은 매우 아름답습니다.

作文 눈이 오는 날의 운전은 위험합니다. (運転, 危ない)

⇨ ____。

01. 감기에 걸려서 약을 먹고 바로 잤습니다.

➡ ____。

02. 아침에 일어나서 샤워를 하고 집을 나갑니다.

➡ ____。

03. 北海道는 내일부터 비가 올 것입니다.

➡ ____。

04. 저쪽의 상황은 아직 괜찮겠지요?

➡ ____。

05. 비행기로 가면 14시간정도 걸립니다.

➡ ____。

06. 이 길을 똑바로 가면 왼쪽에 은행이 있습니다.

➡ ____。

07. 이미 시간이 늦었으니 이만 실례하겠습니다.

➡ ____。

08. 몸 상태가 안 좋아서 일찍 잤습니다.

➡ ____。

09. 수업이 많은 날은 피곤합니다.

➡ ____。

10. 월급이 적은 일도 괜찮습니다.

➡ ____。

단어

• 向(む)こう 맞은편, 건너편 • 状況(じょうきょう) 상황 • 飛行機(ひこうき) 비행기 • 道(みち) 길 • 銀行(ぎんこう) 은행 • 給料(きゅうりょう) 월급 • 具合(ぐあい)が悪(わる)い (몸)상태가 좋지 않다 • すぐ 즉시, 바로 • まっすぐ 똑바로 • 少(すく)ない 적다 • 風邪(かぜ)を引(ひ)く 감기에 걸리다 • 起(お)きる 일어나다 • シャワーを浴(あ)びる 샤워를 하다 • かかる (날짜, 시간, 비용 등이)소요되다, 들다 • 疲(つか)れる 피곤하다

일본 엿보기

일본의 역

東京駅

東京駅는 ‘東京의 현관’이라 불리며 일본 교통의 허브 역할을 하고 있는 거대 거점 터미널이다. 일본 전국으로 이어진 新幹線망의 최대 거점으로 기능하고 있으며, 주요 간선역의 기점역이기도 하다. 하루 3000여 편으로 1일 열차 발착수가 일본에서 가장 많은 역이며, 30개의 플랫폼 수 역시 일본의 역 중 최다이다.

1914년 붉은색 벽돌(赤レンガ)로 지어진 東京駅 丸の内역사는 황궁(皇居)의 정면이라는 상징적인 위치에 자리잡게 되면서, 당초 예상되었던 중앙역이라는 명칭 대신 東京駅라고 명명되었다. 역의 위치와 규모, 건물 내 배치 등은 독일 기술자 프란츠 발처에 의해 결정되었고, 일본 근대 건축의 아버지라 불리는 辰野金吾가 설계하였다. 중앙현관은 황실 전용으로 사용하였으며, 비록 규모는 작지만 곳곳에 세밀한 장식이 있었다. 남북으로 길이 약 335m의 날개를 펼치고 있는 듯한 모습을 하고 있으며, 양 끝에 돔 형태의 지붕이 있는데, 돔 아래 팔각 코너에는 여덟 마리의 독수리가, 지붕 안쪽에는 용, 뱀, 호랑이 등 로마의 판테온 신전을 모티브로 한 동물의 부조물이 새겨져 있다. 태평양전쟁 말기인 1945년에 미국에 의한 東京大空襲로 역사의 일부가 소실되었다. 이후 2012년 창건 당시의 모습으로 복원되어, 2003년 국가 중요 문화재로도 지정된 바 있는 丸の内 역사는 역사적 의미뿐만 아니라 건축 디자인까지 다시 주목을 받았다.

東京駅는 출구를 기준으로 하여 동쪽은 八重洲口, 서쪽은 丸の内口, 북쪽은 日本橋口라고 한다. 역 주변에는 일본 최대의 비즈니스 거리와 중심 업무 지구가 형성되어, 박물관, 미술관, 백

[東京駅 丸の内駅舎]

화점, 고급 레스토랑뿐만 아니라 일본 굴지의 대기업과 주요 신문사, 은행 본점 등이 밀집하고 있다. 특히 八重洲 지역의 지하에는 약180개의 점포가 모여있는 일본 최대 규모의 지하 쇼핑몰이 있다. 東京에서 가장 큰 역내 쇼핑 시설인 グランスタ東京와 東京キャラクターストリート, 東京ラーメンストリート 등 6개의 테마 거리가 있는 東京一番街를 비롯하여 東京 최대 규모의 大丸東京백화점 등의 각종 상업시설이 미로처럼 연결되어 있다.

▌新宿駅

新宿駅는 東京駅와 더불어 일본을 대표하는 역 중 하나로, 하루 평균 이용객 수가 약 360만 명(2017년 기준)으로 세계에서 가장 많은 이용객이 이용하는 전철역으로 기네스 세계기록에 등재되었다(「The busiest station」).

1885년에 日本鉄道에 의해 현재의 山の手線이 개통되며 新宿駅의 역사가 시작되었다. 개통 당시 역의 소재지는 東京市에 포함되지 않는 변두리였으며 이용객도 적었다. 하지만 1923년의 관동 대지진으로 지반이 약했던 浅草나 銀座, 日本橋 등 東京市의 중심부가 큰 피해를 입자, 지반이 안정된 新宿 등 東京 서부의 교외로 인구가 이동하여 시가지가 점차 서쪽으로 확대되게 되면서, 東京市 서부의 터미널역으로서 新宿駅에 많은 사철의 노선이 연장되었다. 1960년대에 역의 서쪽 일대에서 진행된 新宿 부도심 계획에 의해 1970년대에는 마천루가 대거 들어서며 이용객의 증가에 더욱 박차를 가하게 되었다.

현재 新宿駅(しんじゅくえき)는 5개 철도 회사의 11개의 노선이 있으며, JR新宿駅(しんじゅくえき)을 중심으로 동, 서, 남쪽 출구 주변에 거대한 상권이 형성되어 있다. 지상에는 백화점을 비롯한 7개의 대형 건물이 있고, 지하에는 지하철역 및 쇼핑몰, 음식점 등 각종 상업시설이 광범위하게 연결되어 있어 新宿駅(しんじゅくえき)의 전체 출구 수는 200개가 넘는다고 한다. 역 주변에는 번화가 · 환락가 · 비즈니스가 등 다양한 시설이 집중되어 있어, 東京駅(とうきょうえき) 주변과 비교하면 보다 화려한 분위기로 밤낮으로 인파가 끊기는 일이 없다.

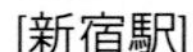

[新宿駅]

[東京都庁]

[新宿御苑]

新宿駅(しんじゅくえき)도 출구가 많은데, 東口(ひがしぐち)로 나오면 伊勢丹(いせたん)백화점(일본 전체 매출 1위) · 三越(みつこし)백화점(일본 최초의 백화점), 紀伊國屋(きのくにや)(1927년에 설립된 서점), 쇼핑거리, 레스토랑 등이 밀집한 번화가와, '잠들지 않는 도시'라는 별명을 가지고 있는 일본 최대 규모의 환락가인 歌舞伎町(かぶきちょう)가 있다. 西口(にしぐち)로 나오면 초고층 빌딩들이 늘어서 있는데, 빌딩숲 가운데서도 가장 높은 243m의 東京都庁(とうきょうとちょう)는 45층 전망대를 시민에게 무료로 개방하여 東京(とうきょう)를 한눈에 볼 수 있다. 南口(みなみぐち)로 나오면 교통 터미널 'バスタ新宿(しんじゅく)'와 도시형 쇼핑 복합시설 'NEWoMan', '高島屋(たかしまや)백화점' 등이 있다. 이 상점가를 빠져나오면 도심 속의 오아시스 역할을 하는 광활한 부지의 明治(めいじ)시대의 대표적인 근대 서양 정원인 新宿御苑(しんじゅくぎょえん)이 있다.

めざす
日本語

제10과

日本（にほん）の旅行（りょこう）

대화

中村　まず熱海行きの切符を買いましょう。

ソン　熱海まではいくらですか。

中村　電車の種類によりますね。

ソン　熱海には新幹線が止まりますか。

中村　近いですが、新幹線が止まります。

ソン　新幹線はやはり高いですか。

中村　高いですね。
時間はかかりますが、新幹線より安くていい電車もあります。

ソン　せっかくですから、新幹線に乗りたいですね。

中村 日本は交通費が高くて、国内旅行にお金がけっこうかかります。

ソン では、外国では円が高いですから、海外旅行の方がいいんじゃないでしょうか。

中村 そうですね。国内より海外旅行の方が、安くつくこともありますね。

단어

• ~行き ~행 • 切符 표 • 種類 종류 • 新幹線 고속철도 • 交通費 교통비 • 国内 국내 • せっかく 모처럼 • けっこう 제법, 꽤 • 止まる 멈추다 • ~に乗る ~을 타다 • つく (비용이)들다 • 熱海 (静岡県의 관광지)

문법과 표현

1 ～たい

たい(～고 싶다)는 동사의 연용형에 붙어 희망을 나타낸다.

동사의 종류		기본형	동사 연용형+たい	의미
규칙 동사	5단동사	かう (사다)	かい + たい	かいたい (사고 싶다)
		きく (듣다)	きき + たい	ききたい (듣고 싶다)
		つぐ (잇다)	つぎ + たい	つぎたい (잇고 싶다)
		だす (내다)	だし + たい	だしたい (내고 싶다)
		もつ (들다)	もち + たい	もちたい (들고 싶다)
		しぬ (죽다)	しに + たい	しにたい (죽고 싶다)
		とぶ (날다)	とび + たい	とびたい (날고 싶다)
		よむ (읽다)	よみ + たい	よみたい (읽고 싶다)
		のる (타다)	のり + たい	のりたい (타고 싶다)
	상1단동사	みる (보다)	み + たい	みたい (보고 싶다)
	하1단동사	ねる (자다)	ね + たい	ねたい (자고 싶다)
불규칙 동사	か행변격동사	くる (오다)	き + たい	きたい (오고 싶다)
	さ행변격동사	する (하다)	し + たい	したい (하고 싶다)

(1) 日本の大学に入り**たい**です。　일본의 대학에 들어가고 싶습니다.

(2) 将来はアメリカに住み**たい**です。　장래에는 미국에 살고 싶습니다.

(3) 久しぶりに冷麺が食べ**たい**です。　오랜만에 냉면이 먹고 싶습니다.

(4) 雰囲気のいい職場で働き**たい**です。　분위기가 좋은 직장에서 일하고 싶습니다.

作文 이 프로그램에 참가하고 싶습니다. (プログラム, 参加する)

⇨ ____。

2 형용사 く형

✎ 형용사 어간에 접속하는 く형(~하게)은 동사를 수식하는 부사적 의미로 사용된다.

(1) 普段は夜遅く終わります。 보통은 밤에 늦게 끝납니다.

(2) 夏は梅雨が長く続きます。 여름은 장마가 길게 계속됩니다.

(3) 子供は毎日楽しく遊びました。 어린이는 매일 즐겁게 놀았습니다.

(4) 友だちとは親しく付き合いましょう。 친구와는 친하게 지냅시다.

作文 新幹線은 빨리 달립니다. (速い, 走る) ⇨ ______________________。

3 ~による

✎ による(に+よる)는 명사를 수식하는 형태로 사용되면 동작주나 원인(~에 의한)을 나타내고, 종지형으로 사용되면 무언가를 정하기 위한 조건(~에 의하다/따르다, ~에 따라 다르다) 등을 나타낸다.

(1) 最近は台風による被害も多いです。 최근에는 태풍에 의한 피해도 많습니다.

(2) 地震による津波の心配はありません。 지진에 의한 해일의 우려는 없습니다.

(3) 何(なに)を使(つか)うかは時(とき)と場所(ばしょ)によります。 무엇을 사용할지는 때와 장소에 따라 다릅니다.

(4) 値段(ねだん)の差(さ)は品物(しなもの)の種類(しゅるい)によります。 가격의 차이는 물건의 종류에 따라 다릅니다.

作文 김치 맛은 가게에 따라 다릅니다.(キムチ, 味(あじ))

⇨ ____。

4 ~じゃないですか

✎ じゃないですか(~지 않습니까/~것 아니겠습니까?)는 です의 단정적 의미를 완곡하게 나타내는 정중한 문체의 표현으로, 앞의 の(ん)는 생략할 수 있다.

(1) 彼(かれ)の意見(いけん)が正(ただ)しいじゃないですか。 그의 의견이 맞지 않습니까?

(2) タバコは健康(けんこう)に悪(わる)いんじゃないですか。 담배는 건강에 나쁘지 않습니까?

(3) それであなたを誤解(ごかい)したんじゃないですか。 그래서 당신을 오해한 것 아니겠습니까?

(4) 遅(おそ)く帰(かえ)ると両親(りょうしん)が心配(しんぱい)するんじゃないですか。 늦게 가면 부모님이 걱정하지 않겠습니까?

作文 그는 오늘도 늦지 않겠습니까? (遅(おく)れる)

⇨ ____。

5 ~こと

✎ こと(일/것)는 실질명사로도 사용되지만, 주로 형식명사로 사용되어 앞문을 받아 이를 명사 상당어구로 만든다. 그 내용이 일(사건/사태/사정/사항)이나 구체적인 동작/행위인 경우에 こと를 사용한다.

(1) 詳(くわ)しいことは後(あと)で説明(せつめい)します。 자세한 것은 나중에 설명하겠습니다.

(2) 風邪(かぜ)には休(やす)むことが大事(だいじ)です。 감기에는 쉬는 것이 중요합니다.

(3) 国民(こくみん)を守(まも)ることは国(くに)の責任(せきにん)です。 국민을 지키는 일은 나라의 책임입니다.

(4) 仕事(しごと)は前(まえ)もって準備(じゅんび)することが重要(じゅうよう)です。 일은 미리 준비하는 것이 중요합니다.

제 취미는 만화를 보는 것입니다. (趣味(しゅみ), 漫画(まんが))

⇨ ____。

01. 언젠가 일본회사에서 일하고 싶습니다.

➡ ____。

02. 성능이 좋은 컴퓨터를 사고 싶습니다.

➡ ____。

03. 비행기에서 후지산이 잘 보입니다.

➡ ____。

04. 김치를 맛있게 만드는 비결이 있습니까?

➡ ____。

05. 큰비에 의한 홍수 피해가 났습니다.

➡ ____。

06. 사용하는 사람의 기호에 따라 다릅니다.

➡ ____。

07. 일본 호텔은 좀 좁지 않습니까?

➡ ____。

08. 도서관은 2층 쪽이 조용하지 않겠습니까?

➡ ____。

09. 거짓말을 하는 것이 가장 나쁩니다.

➡ ____。

10. 가끔 여동생과 싸우는 일이 있습니다.

➡ ____。

단 어

• 性能(せいのう) 성능 • コンピューター 컴퓨터 • こつ 요령 • 大雨(おおあめ) 큰비 • 洪水(こうずい) 홍수 • 被害(ひがい) 피해 • 好(この)み 기호 • 図書館(としょかん) 도서관 • ~階(かい) ~층 • 約束(やくそく) 약속 • いつか 언젠가(는) • たまに 가끔 • 狭(せま)い 좁다 • 静(しず)かだ 조용하다 • 働(はたら)く 일하다 • 見(み)える 보이다 • 作(つく)る 만들다 • 使(つか)う 사용하다 • 嘘(うそ)をつく 거짓말을 하다 • 喧嘩(けんか)する 싸우다

일본 엿보기

일본인에게 인기 있는 여행지, 외국인에게 인기 있는 일본 여행지

「地球の歩き方」라는 사이트에서는 매년 「人気旅行先ランキング」을 발표한다. 이 발표에 의하면, 2020년도 일본인이 가고 싶어 하는 국내 여행지 순위는 北海道가 1위, 沖縄県가 2위, 東京都가 3위를 차지했다. 北海道 내에서는 「おいしいものを食べるため」라는 이유로 札幌가, 沖縄県 내에서는 「自然を満喫するため」라는 이유로 沖縄の離島가 각각 1위에 올랐다. 東京都는 「東京2020オリンピック」에 대한 기대로 전년 대비 한 계단 상승했다.

2020년도 일본인이 가고 싶은 해외 여행지 순위는, 「自然を満喫するため」라는 이유로 하와이(ハワイ)가 1위, 「おいしいものを食べるため」라는 이유로 대만(台湾)이 2위로 꼽혔다. 미국(アメリカ)이 3위로 뒤를 이었는데, 가고 싶은 도시는 ニューヨーク, ロサンゼルス, サンフランシスコ순이었다. 한국은 전년 대비 5단계 떨어진 9위로 나타났다.

人気旅行先ランキング TOP20 【国内編】

1位	ー	1位	北海道	11位	▲	12位	長崎県
2位	ー	2位	沖縄県	12位	▲	圏外	宮城県
3位	▲	4位	東京都	12位	▼	9位	静岡県
4位	▼	3位	京都府	14位	▲	15位	兵庫県
5位	▲	6位	千葉県	15位	ー	15位	大分県
6位	▼	5位	大阪府	16位	▼	14位	栃木県
7位	▲	8位	長野県	17位	▲	圏外	青森県
8位	▼	7位	石川県	18位	▲	19位	島根県
9位	▲	10位	福岡県	18位	▲	圏外	和歌山県
10位	▲	11位	神奈川県	20位	▼	17位	三重県

* 상기는 2020년 순위(2019년 대비) 都道府県名

人気旅行先ランキング TOP20 【海外編】

1位	ー	1位	ハワイ	11位	ー	11位	シンガポール
2位	ー	2位	台湾	12位	▼	6位	グアム
3位	ー	3位	アメリカ	12位	▲	16位	ベトナム
4位	▲	7位	イタリア	12位	▲	圏外	中国
5位	▲	8位	フランス	15位	▼	8位	オーストラリア
6位	▲	10位	スペイン	16位	▼	15位	インドネシア
6位	▼	5位	タイ	17位	▼	13位	ニュージーランド
8位	▲	14位	イギリス	18位	▲	20位	オーストリア
9位	▲	18位	ドイツ	18位	▲	圏外	ロシア
9位	▼	4位	韓国	20位	▼	17位	ポルトガル

* 상기는 2020년 순위(2019년 대비) 国(エリア)名

일본정부관광국(JNTO)이 발표한 「방일외국인통계」에 따르면, 2019년도에 일본을 방문한 외국인은 총 31,882,000명으로, 중국 9,594,000명(30.1%), 한국 5,585,000명(17.5%), 대만 4,891,000명(15.3%), 홍콩 2,291,000명(7.2%) 순으로 나타났다. 일본에서 출국하는 이들 외국 방문객을 대상으로 일본 방문지를 조사한 결과, 東京都(47.2%)가 절반 가까이를 차지했으며 大阪府(38.6%), 千葉県(35.1%), 京都府(27.8%), 奈良県(11.7%) 순으로 뒤를 이었다. 한국인을 대상으로 한 조사는 大阪府(30.7%), 福岡県(25.5%), 京都府(15.9%) 순으로, 전체 방문객을 대상으로 한 조사와는 다소 차이를 보였다.

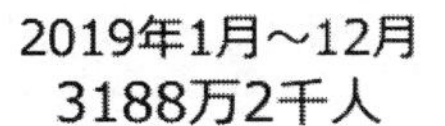

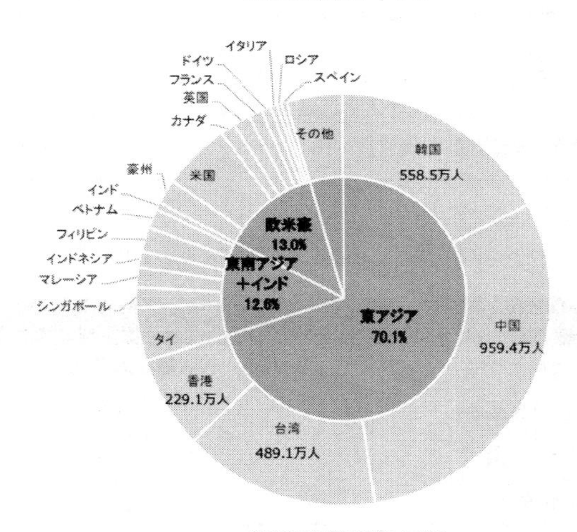

[訪日日外国人統計]

「네비타임재팬」이라는 사이트에서 네비게이션 목적지 검색 순위인 「2019 네비타임 스팟 검색 랭킹」을 발표했는데, 외국인이 가장 많이 검색한 목적지는 2년 연속으로 「大阪城 天守閣」인 것으로 나타났다. 이어 2위는 「鹿苑寺(金閣寺)」, 3위는 「奈良公園」으로, 상위 3위가 모두 関西지역의 관광지였다.

같은 랭킹의 일본인 대상 조사 결과를 보면, 1위 「伊勢神宮(いせじんぐう)」, 2위 「幕張(まくはり)メッセ」, 3위 「ユニバーサル・スタジオ・ジャパン」 순이었으며, 상위 100위 안에 大阪城(おおさかじょう)는 들어가지 못했다. 외국인과 일본인에게 인기 있는 관광지의 차이를 볼 수 있는 재미있는 결과이다.

『2019 목적지검색 스팟 종합랭킹』

総合ランキングTOP10

順位	昨年	傾向	スポット名称	所在地	順位	昨年	傾向	スポット名称	所在地
1	2	↑	伊勢神宮内宮	三重県	6	10	↑	東京ドーム	東京都
2	3	↑	幕張メッセ	千葉県	7	12	↑	京セラドーム大阪	大阪府
3	5	↑	ユニバーサル・スタジオ・ジャパン	大阪府	8	8	→	草津温泉	群馬県
4	1	↓	東京ディズニーランド	千葉県	9	6	↓	出雲大社	島根県
5	9	↑	東京ビッグサイト(東京国際展示場)	東京都	10	4	↓	日光東照宮	栃木県

『2019 외국인관광객에게 인기 스팟』

順位	昨年	傾向	スポット名称	ジャンル	所在地
1	1	→	大阪城天守閣	歴史的建造物	大阪府
2	3	↑	鹿苑寺(金閣寺)	寺院	京都府
3	4	↑	奈良公園	公園/緑地	奈良県
4	2	↓	東京タワー	展望塔/タワー	東京都
5	6	↑	伏見稲荷大社	神社	京都府
6	-	-	道頓堀	通り	大阪府
7	8	↑	ユニバーサル・スタジオ・ジャパン	遊園地/テーマパーク	大阪府
8	7	↓	清水寺	寺院	京都府
9	-	-	天保山マーケットプレース	複合施設/商業施設	大阪府
10	5	↓	東京ディズニーランド	遊園地/テーマパーク	千葉県

* 랭킹은 네비타임재팬이 19년 1～10월의 검색데이터를 집계하여 결정하였다.

新幹線（しんかんせん）

대화

ソン　あそこに並んでいるのは新幹線に乗る人々ですか。

小林　あ、あれは自由席に乗る人々ですね。

ソン　並ばないと乗れないものですか。

小林　自由席は席が決まってないので、席を取るためですね。

ソン　へえ、そうなんですか。
料金も高いのに、ちょっと意外ですね。
それじゃ、私たちも並びましょうか。

小林　私たちは指定席ですから並ばなくていいです。

ソン　新幹線は自由席と指定席の二種類があるんですか。

小林　もう一つグリーン席というのもあります。

ソン　なるほど、色々な席がありますね。
韓国の高速鉄道は指定席しかないですが。

小林　KTXですね。私も出張の時に乗ってみましたが、なかなか良かったですね。

ソン　新幹線は列車の種類がいくつかあるんですか。

小林　新幹線は「こだま」号・「ひかり」号・「のぞみ」号など、色々ありますね。

단어

● 自由席 자유석　● ため 위함, 때문　● 料金 요금　● 意外 의외, 뜻밖　● 指定席 지정석　● 種類 종류　● グリーン席 그린석　● もう一つ 그 위에 하나　● 高速鉄道 고속철도　● 出張 출장　● 列車 열차　● なるほど 과연, 정말　● 色々な 여러 가지　● なかなか 꽤, 상당히　● 並ぶ 늘어서다, 한 줄로 서다　● 決まる 정해지다　● 席を取る 자리를 잡다　● へえ 감동하거나 놀랐을 때, 어이없을 때 내는 말

문법과 표현

~ない(동사 부정형)

동사의 부정형(~하지 않다/단순부정, ~하지 않겠다/부정의지)은, 오단동사의 경우 어미 う단을 あ단(미연형)으로 바꾸고, 일단동사의 경우 어미 る를 떼고 ない를 붙인다. う로 끝나는 동사는 あ가 아닌 わ로 바꾼다.

동사의 종류		기본형	동사 미연형+ない	의미
규칙 동사	5단동사	かう (사다)	かわ + ない	かわない (사지 않는다)
		きく (듣다)	きか + ない	きかない (듣지 않는다)
		つぐ (잇다)	つが + ない	つがない (잇지 않는다)
		だす (내다)	ださ + ない	ださない (내지 않는다)
		もつ (들다)	もた + ない	もたない (들지 않는다)
		しぬ (죽다)	しな + ない	しなない (죽지 않는다)
		とぶ (날다)	とば + ない	とばない (날지 않는다)
		よむ (읽다)	よま + ない	よまない (읽지 않는다)
		のる (타다)	のら + ない	のらない (타지 않는다)
	상1단동사	みる (보다)	み + ない	みない (보지 않는다)
	하1단동사	ねる (자다)	ね + ない	ねない (자지 않는다)
불규칙 동사	か행변격동사	くる (오다)	こ + ない	こない (오지 않는다)
	さ행변격동사	する (하다)	し + ない	しない (하지 않는다)

(1) 彼(かれ)はめったに風邪(かぜ)を引(ひ)かない。 그는 좀처럼 감기에 걸리지 않는다.

(2) 人(ひと)に迷惑(めいわく)をかけないのが大事(だいじ)です。 남에게 폐를 끼치지 않는 것이 중요합니다.

(3) 彼女とはもう二度と会わない。　그녀와는 이제 두번 다시 만나지 않겠다.

(4) これから暗号資産には手を出さない。　앞으로 암호화폐에는 손을 대지 않겠다.

作文 그 계획은 전혀 도움이 되지 않는다. (計画, 役に立つ)

⇨ ____。

2 行ける(오단동사 가능형)

오단동사는 어미 <う단>를 <え단+る>로 바꾸면 가능의 의미를 나타낸다.

동사의 종류	기본형	동사 가능형	정중형(의미)
5단동사	かう (사다)	かえる	かえます (살 수 있습니다)
	きく (듣다)	きける	きけます (들을 수 있습니다)
	つぐ (잇다)	つげる	つげます (이을 수 있습니다)
	だす (내다)	だせる	だせます (낼 수 있습니다)
	もつ (들다)	もてる	もてます (들을 수 있습니다)
	しぬ (죽다)	しねる	しねます (죽을 수 있습니다)
	とぶ (날다)	とべる	とべます (날 수 있습니다)
	よむ (읽다)	よめる	よめます (읽을 수 있습니다)
	のる (타다)	のれる	のれます (탈 수 있습니다)

(1) 駅から歩いて行ける距離です。　역에서 걸어서 갈 수 있는 거리입니다.

(2) 彼女は日本語と英語が話せます。　그녀는 일본어와 영어를 말할 수 있습니다.

(3) ユーチューブで日本の音楽が聞けます。　유튜브로 일본 음악을 들을 수 있습니다.

(4) ワクチンを接種した日も働けますか。　백신을 접종한 날도 일을 할 수 있습니까?

作文 맥주는 마실 수 있지만, 소주는 마실 수 없습니다. (ビール, 焼酎(しょうちゅう))

⇨ ____。

3 동사 ている형

✎ ている(~고/어 있다)는 동작진행이나 결과상태를 나타낸다. 'ある,いる' 등의 일부 상태동사를 제외하고, 일본어 동사의 현재 표현에는 반드시 ている를 사용한다.

[동작진행 : ~고 있다.]

(1) 二人(ふたり)は図書館(としょかん)で論文(ろんぶん)を書(か)い**ています**。 둘은 도서관에서 논문을 쓰고 있습니다.

(2) 女性(じょせい)が社会(しゃかい)で大(おお)きな活躍(かつやく)をし**ています**。 여성이 사회에서 큰 활약을 하고 있습니다.

[결과상태 : ~어 있다.]

(3) 重要(じゅうよう)な文化財(ぶんかざい)がなくなっ**ています**。 중요한 문화재가 없어졌습니다.

(4) 視力(しりょく)が衰(おとろ)えて眼鏡(めがね)をかけ**ています**。 시력이 약해져서 안경을 쓰고 있습니다.

作文 작년부터 면세점에서 일하고 있습니다. (去年(きょねん), 免税店(めんぜいてん))

⇨ ____。

~てみる

✎ ~てみる(~해 보다)는 무엇이 어떤지 알기 위해 실제로 행위를 할 때 사용한다.

(1) 辞書(じしょ)で「愛(あい)」という言葉(ことば)を引(ひ)い**てみ**ました。
사전에서 「사랑」이라는 단어를 찾아보았습니다.

(2) 私(わたし)もチャレンジし**てみ**ましたが、だめでした。
나도 도전해 보았습니다만, 안됐습니다.

4 ～もの

✎ もの(것)는 물건을 나타내는 명사인데, 형식명사로 사용되어, 구체적이거나 또는 추상적·감각적으로 파악되는 대상을 나타낸다.

(1) 古本屋でおもしろいものを見つけました。 헌책방에서 재미있는 것을 발견했습니다.

(2) 友達から預かったものはこのトランクです。 친구로부터 맡은 것은 이 트렁크입니다.

(3) 仕事には順序というものがあります。 일에는 순서라고 하는 것이 있습니다.

(4) 地震はいつ起きるか分からないものです。 지진은 언제 일어날지 모르는 것입니다.

作文 행복이라는 것은 마음속에 있습니다. (幸せ) ⇨ ______________________________ 。

｜～ものだ

✎ ものだ(～것이다/법이다)는 어떤 일이 당연하거나 보편적임을 나타내는 표현에 사용한다.

(1) 人に会うと挨拶ぐらいはする**ものです**。 사람을 만나면 인사 정도는 하는 법입니다.

(2) 人が困っているときは助ける**ものです**。 사람이 곤란해하고 있을 때는 돕는 법입니다.

5 ～のに

✎ ～のに(～(하)는데, ~인데)는 뒷문에 대해 상반되는 내용을 기술하거나 목적을 나타낼 때 사용한다.

(1) 昨日(きのう)までは天気(てんき)がよかったのに今日(きょう)は雨(あめ)ですね。

어제까지는 날씨가 좋았는데 오늘은 비로군요.

(2) みんな心配(しんぱい)しているのに彼(かれ)一人(ひとり)だけが平気(へいき)でいます。

모두 걱정하고 있는데 그 혼자만이 태평하게 있습니다.

(3) 休(やす)みの日(ひ)なのに勉強(べんきょう)する人(ひと)で図書館(としょかん)には席(せき)がなかった。

휴일 날인데 공부하는 사람들로 도서관에는 자리가 없었다.

(4) これは電気(でんき)をつくるのに必要(ひつよう)な機械(きかい)です。

이것은 전기를 만드는데 필요한 기계입니다.

作文 집이 가까운데 자주 지각합니다. (遅刻(ちこく)する)

⇨ ______________________________。

01. 물가가 비싸서 필요 없는 것은 사지 않는다.

➡ ____ 。

02. 이것은 비밀이니까 누구에게도 이야기하지 않겠다.

➡ ____ 。

03. 볼일이 있어서 회식에 갈 수 없습니다.

➡ ____ 。

04. 지금 나가면 전철을 탈 수 있으리라 생각합니다.

➡ ____ 。

05. 저는 개 한 마리와 함께 살고 있습니다.

➡ ____ 。

06. 태풍 때문에 나무가 도로에 쓰러져 있다.

➡ ____ 。

07. 그는 친구와 같은 것을 골랐습니다.

➡ ____。

08. 일본요리는 젓가락을 사용해서 먹는 것입니다.

➡ ____。

09. 그렇게 춥지도 않은데 몇 명인가 감기에 걸려 있습니다.

➡ ____。

10. 눈이 오는 날은 학교에 가는데 매우 고생합니다.

➡ ____。

단어

● 物価(ぶっか) 물가 ● 秘密(ひみつ) 비밀 ● 誰(だれ) 누구 ● 用事(ようじ) 볼일 ● 飲み会(のみかい) 회식 ● 犬(いぬ) 개 ● 一匹(いっぴき) 한 마리 ● 一緒に(いっしょに) 같이, 함께 ● 台風(たいふう) 태풍 ● 木(き) 나무 ● 道路(どうろ) 도로 ● はし 젓가락 ● 同じだ(おなじだ) 같다 ● 要る(いる) 필요하다 ● 話す(はなす) 이야기하다 ● 倒れる(たおれる) 쓰러지다 ● 選ぶ(えらぶ) 고르다 ● 使う(つかう) 사용하다 ● 苦労する(くろうする) 고생하다

일본 엿보기

일본의 新幹線

일본의 新幹線은 세계 최초의 고속철도 시스템으로, 현재는 JR(Japanese Railways)그룹의 5개사(JR東日本, JR東海, JR西日本, JR九州, JR北海道)가 운영하고 있다. 일본의 주요 대도시들과 지역을 연결하는 총 연장 2,765km의 핵심 간선으로, 장거리 이동의 편리함을 획기적으로 개선하고 있다. 1964년 하계올림픽에 대비하여 東京駅에서 新大阪駅 구간의 東海道新幹線이 처음 개통된 이래로, 일본의 新幹線은 약 55년간 내부 요인에 의한 사고와 사상자가 없다는 '안전성'과 평균 지연시간이 24초에 그친다는 '시간의 정확성' 면에서 높은 평가를 받고 있다. 1964년 개통 당시 新幹線의 최고 속도는 200km/h였지만, 이후 계속 상향하여 현재는 240~320km/h으로 운영하고 있다.

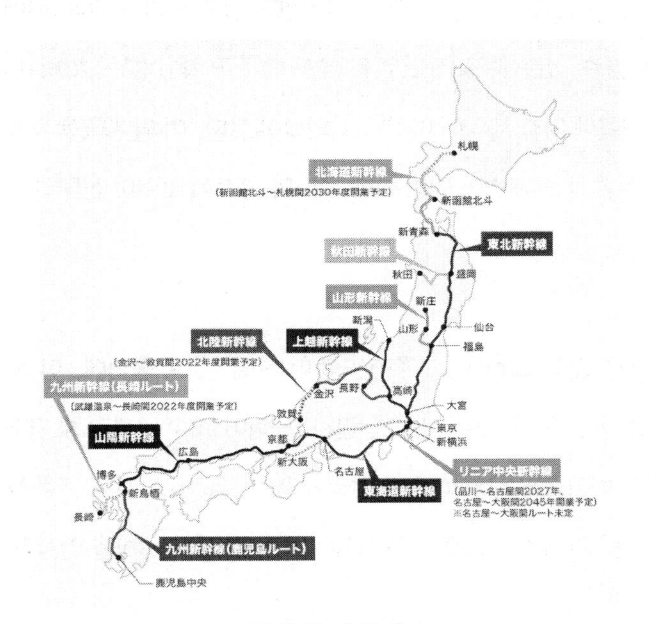

[新幹線 路線図]

新幹線은 총 9개 노선으로 운행되고 있는데, 東海道新幹線의 경우 3대 거대 경제권(東京圈, 名古屋圈, 大阪圈)을 잇고 있으며, 현재 東京駅-新大阪駅 구간의 소요시간은 최고 2시간 21분, 최고속도 285km/h로 운행되고 있다. 新幹線의 열차명은 주로 속도별로 나뉘는데(JR東日本은 방향, 목적지별), 가장 이용객이 많은 東海道新幹線은 각 역마다 정차하는 こだま, 일부 역에만 정차하는 ひかり, 가장 빠른 특급열차인 のぞみ가 있다(のぞみ를 타면 東京-品川-新横浜-名古屋-京都-新大阪-新神戸순으로 정차한다). 좌석 종류는 자유석, 지정석, 그린석 3가지로, 그린석은 일반 지정석의 1.5배 정도 요금이 비싸다.

新幹線 요금은 상당히 비싸기 때문에 외국인 관광객을 대상으로 특별기획 승차권인 「JAPAN RAIL PASS」 (JR패스)를 판매하고 있다. JR패스는 철도를 이용하여 일본 각지를 여행하기에 적합한 경제적이며 편리한 티켓으로, 그린객차(1등석)용과 보통객차(2등석)용의 2종류가 있으며, 각각 7일, 14일, 21일간 이용할 수 있는 패스로 나뉜다. 정해진 기간 내에 JR에서 운행하는 교통수단을 무제한 이용할 수 있는데, 東海道新幹線의 のぞみ와 山陽・九州新幹線의 みずほ는 이용할 수 없는 등 이용에 다소 제약이 따르니 주의해야 한다. 이 외에도 특정 도시와 지역에 따라 선택할 수 있는 40여종의 JR패스가 있어 여행 목적과 일정에 맞추어 선택하면 교통비를 아낄 수 있다.

현재 자기부상열차 철도 노선(リニア中央新幹線)을 건설 중인데, 이 노선은 우선적으로 2027년까지 東京와 名古屋 구간(40분)을 연결하고, 이어 2045년까지 東京와 大阪 구간(67분)을 연결할 예정으로, 최고속도 505km/h로 달리게 된다. 2015년 リニア新幹線 주행시험에서는 최고속도 603km를 기록하여 프랑스의 TGV(2007년, 574.8km)를 앞질러 세계에서 가장 빠른 열차가 되었다.

일본에서 新幹線으로 여행할 때는 駅弁을 먹는 것이 또 하나의 즐거움을 준다. 駅弁이란 駅売り弁当의 준말로, 역에서 판매하는 철도 여객용 도시락을 말한다. 각 지역의 토산품을 매인 식재료로 사용하는 駅弁을 맛보기 위해 열차 여행을 하는 사람도 있다고 한다. 1885년에 栃木県의 宇都宮駅에서 판매된 おにぎり가 駅弁의 첫 시작이라고 하는데, 140년에 가까운 역사를 갖고 있는 駅弁은 현재 2000종이 넘는다.

駅弁은 보통 역 구내에 있는 가게에서 판매하는데, 일부는 차내에서 판매하기도 하고, 특급열차의 경우에는 유명한 駅弁을 판매하는 역을 지나기 전에 승무원이 예약을 받아 구매해주기도 한다. 업체에 따라서는 전화 등으로 예약하면 해당 열차의 승강구까지 도시락을 배달해주는 서비스도 실시하고 있다.

일본 각 지방으로 향하는 신칸센이 출발하는 東京駅의 駅弁屋祭り는 다양한 종류의 도시락을 파는 곳으로 유명한데, 200가지 이상의 전국의 駅弁이 판매되고 있으며, 판매량이 많은 날은 하루에 1500개가 팔린다고 한다. 駅弁을 먹기 위해 전국 방방곡곡을 열차로 누비고 다니는 사람들과 駅弁 전문 저널리스트도 존재하며, 매년 인기 駅弁을 결정짓는 駅弁선발대회도 열린다. 京王백화점이 1966년부터 주최한 '全国駅弁大会'에서는 北海道의 いかめし(오징어 밥이라는 뜻)가 50회 연속 1위라는 대기록을 세우고 있다.

MEMO

日本(にほん)のバスツアー

대화

ソン　熱海と箱根を一日で回るのは可能でしょうか。

加藤　バスツアーを利用すればできないこともないです。バスツアーも名所はほとんど回るので悪くないと思います。

ソン　いいですね。今回はそれにしましょうか。

加藤　バスツアーはガイドさんが観光地について説明してくれるので、それもいいと思います。

ソン　ガイドさんがいれば安心ですね。

加藤　それに、最後は駅前で解散するので東京に戻るのも便利です。

ソン　熱海は温泉で有名な町だと聞いたんですが。

加藤　熱海を含むこの地域を伊豆半島と言うんですが、いい温泉が多いです。

ソン　日本はいい温泉が多くて羨ましいですね。
ところで、この辺は地震が多いんでしょうか。

加藤　日本は地震が多い国なので、この辺もたまに起きますね。

ソン　韓国も最近被害が出るくらいの地震が発生したりして怖いですね。

加藤　幸い最近この地域に大きな地震は起きていませんね。

단어

• 一日 하루 • 可能 가능 • ツアー 투어(tour) • 名所 명소 • ほとんど 대부분 • 今回 이번 • ガイド 가이드(guide) • 観光地 관광지 • 説明 설명 • 最後 마지막 • 解散 해산 • 温泉 온천 • 地域 지역 • 被害 피해 • 地震 지진 • 幸い 다행, 다행히 • 大きな 큰(연체사) • 羨ましい 부럽다 • 怖い 무섭다 • 安心だ 안심이다 • 回る 돌다 • 利用する 이용하다 • 戻る 되돌아가(오)다 • 含む 포함하다 • 発生する 발생하다 • ~について ~에 대해서 • 箱根 지명(神奈川県)

문법과 표현

1 た(동사 과거형)

동사의 과거형은 동사의 연용형(音便形)에 た를 붙이면 된다. 명사를 수식하는 경우에도 た형을 그대로 사용한다.

동사의 종류		규칙		기본형 → 동사 + た형
규칙동사	5단동사	イ音便	–く → いた –ぐ → いだ	聞く → 聞いた (듣고, 들어서) 次ぐ → 次いだ (잇고, 이어서) 行く → 行った (가고, 가서) ＊예외
		促音便	–う –つ → –った –る	買う → 買った (사고, 사서) 持つ → 持った (들고, 들어서) 乗る → 乗った (타고, 타서)
		撥音便	–ぬ –ぶ → –んだ –む	死ぬ → 死んだ (죽고, 죽어서) 飛ぶ → 飛んだ (날고, 날아서) 読む → 読んだ (읽고, 읽어서)
			–す → –した	出す → 出した (내고, 내서)
	상1단동사		–る → –た	見る → 見た (보고, 봐서)
	하1단동사			寝る → 寝た (자고, 자서)
불규칙동사	か행변격동사		–	来る → きた (오고, 와서)
	さ행변격동사			する → した (하고, 해서)

(1) 雨に濡れて風邪をひいた。 비에 젖어 감기에 걸렸다.

(2) 大学に入るために毎日塾に通った。 대학에 들어가기 위해 매일 학원에 다녔다.

(3) バスから降(お)りた時(とき)にそれを思(おも)い出(だ)した。 버스에서 내렸을 때 그것을 떠올렸다.

(4) 彼女(かのじょ)の代(かわ)りに私(わたし)がお客さんを案内(あんない)した。 그녀 대신에 내가 손님을 안내했다.

作文 돈을 벌기 위해 여기까지 왔다. (稼(かせ)ぐ) ⇨ ______________________。

2 ～ば

～ば(～(하)면)는 동사 가정형(오단동사 え단)에 접속하여, 시간에 관계 없이 항상 성립하는 논리적, 법칙적 관계를 나타내는 일반조건이나, 특정한 사항에 있어서 성립하는 가정조건 등을 나타낸다.

동사의 종류		기본형	동사 가정형＋ば	의미
규칙 동사	5단동사	かう (사다)	かえ ＋ ば	かえば (사면)
		きく (듣다)	きけ ＋ ば	きけば (들으면)
		つぐ (잇다)	つげ ＋ ば	つげば (이으면)
		だす (내다)	だせ ＋ ば	だせば (내면)
		もつ (들다)	もて ＋ ば	もてば (들면)
		しぬ (죽다)	しね ＋ ば	しねば (죽으면)
		とぶ (날다)	とべ ＋ ば	とべば (날면)
		よむ (읽다)	よめ ＋ ば	よめば (읽으면)
		のる (타다)	のれ ＋ ば	のれば (타면)
	상1단동사	みる (보다)	み ＋ れば	みれば (보면)
	하1단동사	ねる (자다)	ね ＋ れば	ねれば (자면)
불규칙 동사	か행변격동사	くる (오다)	くれば	くれば (오면)
	さ행변격동사	する (하다)	すれば	すれば (하면)

[일반조건]

(1) 二に二を足せば四になる。 2에 2를 더하면 4가 된다.

(2) 気温が上がれば花が咲きます。 기온이 오르면 꽃이 핍니다.

[가정조건]

(3) 電車に乗れば一時間で行けます。 전철을 타면 한 시간에 갈 수 있습니다.

(4) このボタンを押せばベルがなります。 이 버튼을 누르면 벨이 울립니다.

作文 나이를 먹으면 몸이 약해집니다. (年をとる, 弱い)

⇨ ____。

3 ～にする

✎ ～にする(～으로 하다(결정)/삼다/생각하다)는 결정해야 할 대상에 대한 의사표시나, 대상을 어떤 상태로 변화시킴을 나타낸다.

(1) A. 昼ごはんは何にしますか。 점심은 무엇으로 하겠습니까?

B. ラーメンかつけ麺にしたいです。 라면이나 쯔께면으로 하고 싶습니다.

(2) ホテルは駅の近くにしました。 호텔은 역 근처로 했습니다.

(3) 弟は本を枕にして寝ています。 동생은 책을 베개 삼아 자고 있습니다.

(4) 内容より形式を問題にしています。 내용보다 형식을 문제 삼고 있습니다.

作文 좌석은 창문쪽으로 하고 싶습니다. (席, 窓側)

⇨ ____。

4 ～てくれる

～てくれる(～(해) 주다)는 제삼자가 주격이 되어 화자나 화자 쪽 사람을 위해 하는 행위를 나타내는 표현이다. ～てくださる가 정중한 표현이다.

(1) 知らない人が助け**てくれ**ました。 모르는 사람이 도와주었습니다.

(2) 生活費は両親が送っ**てくれ**ます。 생활비를 부모님이 보내 줍니다.

(3) 姉は私の悩みをよく聞い**てくれ**ます。 언니는 내 고민을 잘 들어 줍니다.

(4) きっと警察が探し**てくれる**と思います。 틀림없이 경찰이 찾아주리라 생각합니다.

作文 옆 사람이 펜을 빌려주었습니다. (隣, 貸す)

⇨ ____。

5 ～たり、～たりする

～たり는 일반적으로 '～たり、～たりする(～하기도 하고/하거나, ～하기도 하다)'의 형태로 어떤 사항 중에서 대표적인 것을 열거할 때 사용하는데, 단독으로 사용되기도 한다.

(1) 映画を見て笑っ**たり**泣い**たり**しました。 영화를 보며 웃기도 하고 울기도 했습니다.

(2) 欠席し**たり**遅刻し**たり**してはいけません。 결석하거나 지각하거나 해서는 안 됩니다.

(3) 彼女は弱い友達を虐め**たり**もしました。 그녀는 약한 친구를 괴롭히기도 했습니다.

(4) 暇なときは日本のドラマを見**たり**します。 한가할 때는 일본 드라마를 보거나 합니다.

作文 건강을 위해, 야채를 먹거나 생선을 먹기도 합니다. (健康, 野菜, 魚)

⇨ ____。

일본어로 써보기

01. 오래간만에 그녀와 술을 마셨다.

➡ ____。

02. 아이 교육에 사용한 돈도 적지 않다.

➡ ____。

03. 태풍이 다가오면 비행기는 뜨지 않습니다.

➡ ____。

04. 질문이 있으면 언제든지 연락하겠습니다.

➡ ____。

05. 환경문제를 연구 테마로 하고 있습니다.

➡ ____。

06. 이번 가족여행은 일본으로 하고 싶습니다.

➡ ____。

07. 일본인 친구가 작문을 고쳐주었습니다.

➡ ____。

08. 부장님이 차로 공항까지 데려다주었습니다.

➡ ____。

09. 일요일에는 빨래하거나 청소하거나 합니다.

➡ ____。

10. 그는 친구에게 거짓말을 하기도 했습니다.

➡ ____。

단 어

● 久(ひさ)しぶりに 오래간만에 ● 子供(こども) 아이 ● 教育(きょういく) 교육 ● 台風(たいふう) 태풍 ● 質問(しつもん) 질문 ● 環境問題(かんきょうもんだい) 환경문제 ● 研究(けんきゅう) 연구 ● テーマ 테마 ● 今度(こんど) 이번 ● 家族(かぞく) 가족 ● 部長(ぶちょう) 부장님 ● 空港(くうこう) 공항 ● 日曜日(にちようび) 일요일 ● いつでも 언제라도 ● 少(すく)ない 적다 ● 近(ちか)づく 다가오다 ● 使(つか)う 사용하다 ● 飛(と)ぶ (하늘을)날다 ● 連絡(れんらく)する 연락하다 ● 直(なお)す 고치다 ● つれる 데리고가(오)다 ● 洗濯(せんたく)する 빨래하다 ● 掃除(そうじ)する 청소하다 ● うそをつく 거짓말을 하다

일본 엿보기

일본의 버스

일본의 버스는 크게 주요 도시 간의 장거리를 운행하는 고속버스, 도심을 순환하는 노선버스, 관광지를 중심으로 운행하는 투어버스가 있다.

일본 고속버스는 운영상 철도의 영향을 많이 받으며, 야간버스의 비중이 크다는 특징이 있다. 일본의 고속버스는 근대화 초창기부터 여객 수송의 중심인 철도를 보조하는 역할을 담당하며 철도와 밀접하게 연계되어, 대형 버스회사의 대부분이 철도 회사의 계열사이며, 정류장도 별도의 버스 터미널보다는 철도역 인근의 정류장을 사용하는 경우가 많다. 또, 중, 장거리를 달리는 고속버스는 심야에 운행되는 것이 많은데, 저녁에 출발하여 다음날 아침 목적지에 도착하기 때문에 야간버스로 이동하면 숙박비를 절약할 수도 있다. 한국과 달리 일본의 고속버스에는 대개 세면대와 화장실이 갖춰져 있으며, 최근에는 버스 좌석을 2열만 배치하여 개인실 타입의 총 12개 좌석만 갖춘 프리미엄 차량이 늘고 있다.

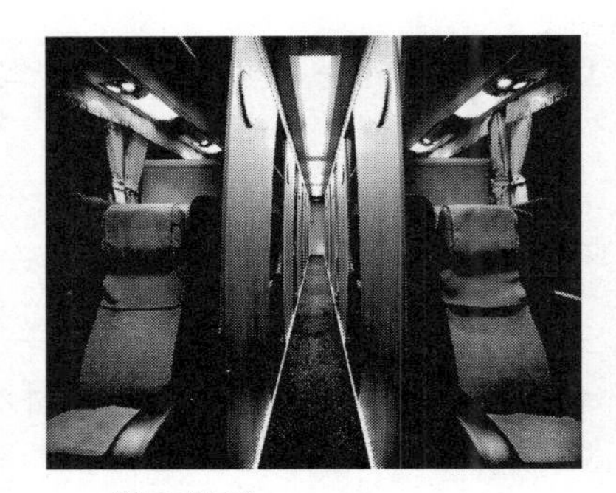

[海部観光のマイフローラ]

일본의 노선버스는 타는 법이 크게 2가지로 나뉘고, 운임을 지불하는 방식도 차이가 있다. 대도시 지역에서는 차량의 앞문으로 승차해서 균일 요금(東京都는 어른 210円)을 현금이나 IC카드로 지불하고, 하차시 뒷문으로 내리는 형식이 일반적이다. 한편 지방에서는 거리에 따라 요금이 달라지는 구간 요금을 받는 노선이 많은데, 이 경우, 차량의 뒷문으로 승차하고 정리권(整理

券)을 뽑아서 하차시 정리권 번호에 해당하는 요금을 정리권과 같이 낸다. 요금은 버스 앞, 위쪽에 달린 모니터를 통해 확인할 수 있다. 운전기사가 잔돈을 거슬러주지 않기 때문에 요금통에 両替(환전)이라고 쓰여 있는 잔돈 교환기가 있다. 교통카드 사용자는 승하차시 단말기에 태그하거나 카드 리더기에 삽입하면 된다.

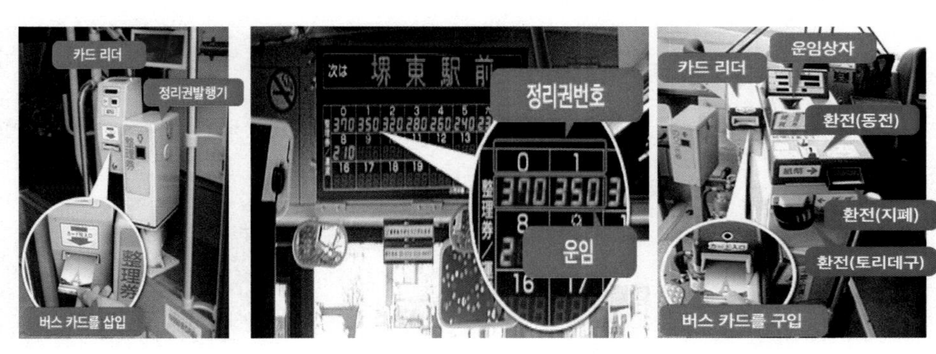

[路線バスの乗り方]

일본에는 특정 지역을 무제한으로 여행할 수 있는 지역 버스 패스가 있다. 예를 들어, 하루 동안 仙台 도시 전체를 여행할 수 있는 '仙台시티버스티켓', 九州의 7개 県을 모두 방문할 수 있는 'SUNQ패스', 四国의 7개의 노선 고속버스를 패스 기간 동안 자유롭게 이용할 수 있는 '四国 고속버스 패스'가 있다. '西鉄버스 1일 패스'로는 福岡市와 北九州市 대부분 지역에 갈 수 있으며, '인터 시티 버스 패스'로는 北海道의 모든 주요 도시에 갈 수 있다. '大阪 주유패스'로는 지하철과 시내버스를 이용할 수 있을 뿐만 아니라, 35곳 이상의 관광 명소에도 무료로 입장할 수 있다.

투어버스는 한국보다 많이 보급되어 있고 이용객도 많은데, 2000년 이후, 버스 사업에 대한 규제가 완화되면서 급속히 증가하여, 고속투어버스 혹은 특정 도시 사이를 연결하는 도시간투어버스라 불리는 형태로 발달되었다. 도시간투어버스의 연간 이용객은 750만 명(2011년 통계)에 달할 정도이다.

그 외에 각 지역별 시내 관광을 목적으로 하는 시티투어버스도 많은데, 대표적인 투어버스로 東京의 하토버스(はとバス)가 있다. 1948년에 설립되어 1963년부터 하토버스라는 이름으로 東京都와 神奈川県에서 관광버스를 운영하고 있는 70년 이상의 역사를 가진 버스 투어의 대표 기업이다. 1~3.5시간 동안 도쿄를 둘러보는 단시간 투어, 당일치기 투어, 숙박 투어 등 100여 가지의 코스로 운행되고 있다. 차종도 다양한데, 그중 2층 오픈 버스인 'O Sola mio'를 타면 東京タワー를 비롯한 東京의 고층 빌딩숲을 감상할 수 있으며, 'お江戸버스'를 타면 가이드와 함께 東京 및 근교를 당일치기로 여행할 수 있다.

[O Sola mio]

[SKY BUS]

[SKY Duck]

東京의 또 다른 투어버스인 'SKY BUS TOKYO'는 3가지 타입의 시티버스를 운행하고 있다. 'SKY BUS'는 지붕이 없는 붉은색의 2층 버스로, 약 1시간 정도의 다양한 코스가 있어 짧은 시간 동안 도심 관광을 하기에 적합하다. 수륙양용 버스인 'SKY Duck'이나, 24시간 동안 자유롭게 승・하차가 가능한 'SKY HOP BUS'도 있다.

누구나 무료로 이용할 수 있는 東京 순환 버스도 있다. 浅草 주변을 순환하는 'パンダ버스', お台場 지역을 순환하는 '東京ベイ셔틀', 東京駅 주변을 순환하는 '丸の内셔틀', 日本橋지역을 순환하는 'メトロリンク 日本橋' 등이 있어 교통비를 절약할 수 있다.

熱海(あたみ)の見物(けんぶつ)

대화

ソン　きれいな海も見えるし、この家からの眺めはなかなかいいですね。

吉田　桜の花が咲く頃はもっときれいになります。

ソン　熱海には桜も多いんですか。

吉田　多いです。それで桜のシーズンには観光客もたくさん来ますね。

ソン　そうですか。
桜の花が咲いている時期に一度来てみたいですね。

吉田　ぜひ来てください。
新幹線を利用すれば東京からすぐですから。

ソン　ありがとうございます。
熱海のすばらしい温泉と花見をぜひ楽しみたいです。
ところで、熱海は平地が少ないように見えますが。

吉田　山の谷間にできたような町ですから、平地は少ないと思います。

ソン　絵のような美しい町ですね。

吉田 あそこに見えるのが遊園地ですが、もしよければ行ってみましょうか。

ソン 今行っても遅くないでしょうか。見てみたいですが。

吉田 時間は充分だろうと思います。
遊園地を見てから夕食にしたいんですが、何か食べたいものはありませんか。

ソン 特に嫌いなものはありませんので、何でも構いません。

吉田 では夕食は寿司屋にしましょうか。

ソン いいですね、寿司。
遊園地を見るのも夕食も楽しみですね。

단어

● 眺め 조망, 경치(眺める : 바라보다) ● 桜 벚꽃(桜の花) ● シーズン 시즌, 계절(season) ● 観光客 관광객 ● 時期 시기 ● 一度 한 번 ● 花見 꽃구경 ● 楽しみ 즐거움 ● 平地 평지 ● 谷間 계곡 ● 町 마을, 거리 ● 絵 그림 ● 遊園地 유원지 ● 夕食 저녁식사 ● 寿司屋 초밥집 ● 楽しみ 즐거움, 기대함 ● もっと 더욱 ● ぜひ 제발, 꼭(是非) ● 素晴らしい 훌륭하다, 멋지다 ● 美しい 아름답다 ● 充分だ 충분하다 ● 見える 보이다 ● できる 생기다, 만들어지다 ● 構う 상관하다, 관계하다

문법과 표현

1 ようだ

- ~ようだ(~것 같다)는 추측이나 추량의 표현과, 어떤 모습이나 상태 등을 무언가에 비유하거나, 구체적으로 예시하는 표현에 사용한다. 대체적으로 비유가 다른 것을, 예시가 같은 것을 예로 들어 나타낸다 할 수 있다.
- ようだ의 추량 표현은 불확실하긴 하지만 주어진 상황과 정보를 바탕으로 하여 그런 상황이라고 판단할 수밖에 없는 상당히 객관성 있는 근거를 가진 경우에 사용한다. 확실한 사항에 대해서도 이를 정중하게 표현할 때 ようだ를 사용한다.

(1) ワクチン開発(かいはつ)は成功(せいこう)の**ようです**。 백신 개발은 성공인 것 같습니다. → 추량

(2) まるで天国(てんごく)の**ように**素敵(すてき)な国(くに)です。 마치 천국과 같은 근사한 나라입니다. → 비유

(3) ソウルの**ように**立派(りっぱ)な都市(とし)を作(つく)ります。 서울처럼 훌륭한 도시를 만들겠습니다. → 예시

作文 한국처럼 치안이 좋은 나라는 적습니다. (治安(ちあん), 国(くに))

⇨ ____。

~ようだ의 활용(형용동사 활용)

활용형	형태	의미
종지형	~ようだ (보통체)	~같다
	~ようです (정중체)	~같습니다
연체형	~ような	~같은
연용형	~ように	~같이/처럼
중지형	~ようで	~같고/같아

❙ ~ようだ의 접속

▶ 명사 : の/だった+ようだ

(1) 先に着いたのは彼のようだ。　먼저 도착한 것은 그인 것 같다.

(2) 彼は今日も欠席だったようだ。　그는 오늘도 결석이었던 것 같다.

▶ 동사 : 연체형+ようだ

(3) 彼は毎日のように酒を飲むようだ。　그는 매일같이 술을 마시는 것 같다.

(4) 先週二人はとんかつを食べたようだ。　지난 주 둘은 돈가스를 먹은 것 같다.

▶ 형용사 : 연체형+ようだ

(5) 田舎の両親はさびしいようだ。　시골의 부모님은 외로운 것 같다.

(6) 今回の選挙はきびしかったようだ。　이번 선거는 힘들었던 것 같다.

▶ 형용동사 : の/な/だった+ようだ

(7) 日本の電車は便利なようです。　일본의 전철은 편리한 것 같습니다.

(8) 今回の地震では無事のようです。　이번 지진에는 무사한 모양입니다.

(9) 試験の結果は駄目だったようです。　시험 결과는 안 된 것 같습니다.

2 ~てください

✎ ~てください(~(하)십시오/(해)주십시오)는 정중한 의뢰나 권유를 나타낸다.

(1) 鍵はフロントに預けてください。　열쇠는 프론트에 맡기십시오.

(2) もう遅いから早く帰ってください。　이제 늦었으니 빨리 돌아가십시오.

(3) 面白い本があれば貸してください。　재미있는 책이 있으면 빌려 주십시오.

(4) 外に出る時はマスクをしてください。　밖에 나갈 때에는 마스크를 해주십시오.

作文 신청서를 써서 여기에 놓아두십시오. (申込書, 置く)

⇨ ＿＿＿＿＿＿＿＿＿＿＿＿＿＿＿＿＿＿＿＿＿＿＿＿＿＿＿＿＿。

3 ～ければ

～ければ(～(하)면)는 형용사나 술어부정형(～ない)의 어간에 접속하여 가정이나 조건을 나타낸다.

(1) 具合いが**悪ければ**休んでもいいです。 상태가 안 좋으면 쉬어도 좋습니다.

(2) 都合が**よければ**また来たいと思います。 상황이 괜찮다면 또 오고 싶습니다.

(3) 邪魔にならな**ければ**私も聞きたいです。 방해가 되지 않는다면 나도 듣고 싶습니다.

(4) この島は飛行機でな**ければ**行けません。 이 섬은 비행기가 아니면 갈 수 없습니다.

作文 더우면 에어컨을 켜주세요.(エアコンをつける)

⇨ ＿＿＿＿＿＿＿＿＿＿＿＿＿＿＿＿＿＿＿＿＿＿＿＿＿＿＿＿＿。

4 ～だろう

～だろう(～(일)것이다, ～(겠)지?)는 ～でしょう의 보통체로 말하는 이의 추측이나 듣는 이에 대한 확인을 나타낸다.

(1) 景気は少しずつ回復する**だろう**。↘ 경기는 조금씩 회복될 것이다.

(2) 柔道の金メダルは間違いない**だろう**。↘ 유도 금메달은 틀림없을 것이다.

(3) この店のケーキは美味しい**だろう**。↗　　이 가게 케이크는 맛있지?

(4) 君もすでにこのニュースは聞いた**だろう**。↗　　너도 이미 이 뉴스는 들었지?

作文 어학연수를 가는 것도 좋을 것이다. (語学研修に行く)

⇨ ______________________________。

5 ～てから

✎ ～てから(～(하)고 나서)는 어떤 행위가 있고 나서 이어지는 행위나 상태를 나타내는 경우에 사용한다.

(1) 息子はご飯を食べ**てから**すぐ出かけた。　　아들은 밥을 먹고 나서 바로 나갔다.

(2) 遊びに行くのは仕事が終わっ**てから**だ。　　놀러 가는 것은 일이 끝나고 나서이다.

(3) 彼女ができ**てから**彼の性格が変わりました。　　그녀가 생기고 나서 그의 성격이 변했습니다.

(4) アメリカに渡っ**てから**もう十年になります。　　미국에 건너온 지 벌써 10년이 됩니다.

作文 우선 스스로 생각하고 나서, 선생님에게 질문하겠습니다. (自分で, 考える)

⇨ ______________________________。

일본어로 써보기

01. 공장 엘리베이터가 고장난 것 같다.

➡ ______________________________。

02. 그는 로봇처럼 일하고 있습니다.

➡ ______________________________。

03. 약은 하루 3번 식후에 먹으십시오.

➡ ______________________________。

04. 방을 나올 때는 반드시 전기를 끄십시오.

➡ ______________________________。

05. 괜찮으면 회의는 토요일 오후로 하고 싶습니다.

➡ ______________________________。

06. 희망자가 많지 않으면 가능성은 높습니다.

➡ ______________________________。

07. 그녀는 감기에 걸렸기 때문에 수업에 안 올 것이다.

➡ ____。

08. 한국의 젊은 사람에게도 같은 현상이 나타나지?

➡ ____。

09. 다음에는 사전에 연락하고 오십시오.

➡ ____。

10. 아이가 태어나고 나서 생활은 크게 변했습니다.

➡ ____。

단 어

● 工場(こうじょう) 공장 ● エレベータ 엘리베이터 ● ロボット 로봇 ● 一日(いちにち) 하루 ● ～回(かい) ～회 ● 食後(しょくご) 식후 ● 部屋(へや) 방 ● 電気(でんき) 전기 ● 会議(かいぎ) 회의 ● 午後(ごご) 오후 ● 希望者(きぼうしゃ) 희망자 ● 可能性(かのうせい) 가능성 ● 若者(わかもの) 젊은사람 ● 現象(げんしょう) 현상 ● 次(つぎ) 다음 ● 事前(じぜん) 사전 ● 生活(せいかつ) 생활 ● 必(かなら)ず 반드시 ● 壊(こわ)れる 부서지다, 고장나다 ● 働(はたら)く 일하다 ● 薬(くすり)を飲(の)む 약을 먹다 ● 消(け)す 끄다 ● 連絡(れんらく)する 연락하다 ● 生(うま)れる 태어나다 ● 変(か)わる 변하다

일본 엿보기

일본의 熱海

熱海는 静岡県의 伊豆半島(駿河湾과 相模湾을 나누는 반도) 동쪽 끝에 위치한 일본 최대의 온천 관광도시로, 일본 3대 온천 중 하나로 꼽힌다. 풍부한 온천과 산, 바다에 둘러싸여 있는 熱海는 東京에서 新幹線으로 40분, 특급열차로 1시간 20분만에 닿을 수 있는 최적의 입지 조건 갖추고 있다. 대부분 구릉 지형으로 고지대에 별장과 주택 등이 지어진 곳이 많으며 도로도 급격한 비탈길이 많다. 熱海의 중심 시가지에는 뜨거운 바다라는 뜻에 걸맞게 수백 곳에서 온천수가 나와, 여관 · 별장 등이 모여 온천 도시를 형성하고 있으며, 그 역사는 1500년이 넘는다.

내전이 끝나고 1603년부터 약 260년 동안 천하태평의 시대가 이어진 에도시대에는 将軍 · 大名와 무사로 이루어진 지배계급에서부터 농민 · 장인 · 상인 등 서민 계급에 이르기까지, 온천욕으로 병을 고치는 탕치(湯治)가 전국적으로 성행했다. 그중에서 특히 熱海 온천을 사랑한 이는 도쿠가와 막부의 초대 장군인 徳河家康이다. 그는 湯治를 위해 熱海를 방문했고, 그 후 엄청난 노력과 비용을 들여 에도성까지 熱海의 온천수를 운반하면서 熱海 온천의 이름이 널리 알려지게 되었다. 明治시대에 들어서는 왕족을 비롯해 정 · 재계의 중진, 저명한 문인들이 이곳에 별장을 짓고, 유명한 문호들도 熱海에 머물거나 이주해 수많은 명작을 썼다.

1886년(明治19)에 조성된 熱海梅園은 일본에서 가장 이른 매화와 가장 늦은 단풍을 즐길 수 있는 곳으로, 이곳의 매화는 매년 天皇의 생일을 축하하기 위한 '헌상매화'로 궁내청에 전달되고 있다고 한다.

역사적 건축물로는 熱海의 3대 별장으로 상을 받은 1919년(大正8)에 지어진 「起雲閣」가 있다. 이곳은 1947년(昭和22)부터 일본을 대표하는 문호들이 방문해 창작활동을 하는 여관으로 사랑받았으며, 현재는 熱海시의 문화재로 지정되어 일반인에게 공개되고 있다. 독일인 건축가 브루노 타우트에 의해 1936년(昭和11)에 지어진 「旧日向別邸」도 일본의 양식미를 갖춘 건축물로 중요 문화재로 지정되어 있다.

[熱海市]

이 외에도 수령 2천년의 거대한 녹나무의 놀라운 생명력에 반해 무병장수 · 건강을 기원하기 위해 방문객이 이어지는 「来宮神社」, 국보, 중요 문화재 등 약 3500점을 전시하고 있는 「MOA美術館」, 12개의 정원을 즐길 수 있는 「アカオハーブ＆ローズガーデン」, 해발 100m 위치에 지어진 「熱海城」(관광시설목적의 건축물)의 천수각 전망대에서는 360도 파노라마 경관을 즐길 수 있다. 또한 1952년부터 시작된 「熱海海上花火大会」가 매년 수차례 개최되고 있는데, 3면이 산

으로 둘러싸인 '절구통' 형태의 熱海湾의 지형에 의해 바다에서 쏘아 올리는 불꽃 소리가 반향되어 큰 경기장과 같은 음향효과가 난다고 하여, 일본 최고의 불꽃놀이 장소로 손꼽히고 있다.

[来宮神社の大楠]

[熱海城]

[熱海海上花火大会]

- 3~13과 본문대화 해석
- 3~13과 연습문제 해답
- 3~13과 예문 총정리

3~13과 본문대화 해석

[제3과 대화]

成田는 비가 옵니다.
成田는 東京입니까?
아니요, 東京이 아닙니다. 成田는 千葉현입니다.

역은 지하입니까?
네, 그렇습니다.
버스정류장도 지하입니까?
아니요, 빌딩 밖입니다. 저기가 버스정류장입니다.

[제4과 대화]

東京은 덥네요.
서울은 덥지 않습니까?
아니요, 서울도 덥습니다.
일본은 비가 많습니다만.
한국도 많은 편입니다.

한국에 장마는 없습니까?
아니요. 있습니다.
일본의 장마는 깁니다만.
일본정도는 아닙니다만, 한국의 장마도 짧지 않습니다.

[제5과 대화]

역에서 호텔까지는 멉니까?
바로 근처입니다. 저 호텔입니다.
좋은 호텔이군요.
방은 좁지 않습니까?
혼자이기 때문에 괜찮습니다.

여기서부터가 銀座입니다.
사람도 많고, 매우 번화하군요.
銀座는 저도 좋아합니다.
저도 번화한 거리가 싫지 않습니다.
저기가 유명한 三越백화점입니다.

[제6과 대화]

오늘은 新宿에 갑니다.
전철로 갑니까?
네, 전철로 갑시다.
新宿까지는 멉니까?
山の手선으로 20분 정도 걸립니다.

東京의 전철은 굉장하군요.
전철이 모두의 발이니까요.
전철은 안전하고 편리하네요.
東京은 정체도 심하고 역시 전철이 가장 편합니다.
서울도 정체로 매일 힘듭니다.
東京에서 버스를 이용할 기회는 그다지 없지요.

[제7과 대화]

新宿는 고층빌딩이 많군요.
그렇죠?
저 건물은 무엇입니까?
도청입니다.
아주 훌륭한 건물이군요.

서울은 시입니다만, 東京은 시가 아니라 도입니까?
그렇습니다. 서울은 특별시입니다만, 東京은 도입니다.
그렇기 때문에, 도청, 도지사라고 말합니다.
서울시는 구밖에 없습니다만. 東京도는 구뿐만 아니라 시도 있군요.
구는 옛 東京이고, 시는 새 東京입니다.
그럼 東京에는 도청, 구청, 시청이 있는 것이군요.

[제8과 대화]

여기가 歌舞伎町입니다.
사람이 많군요.
밤에는 항상 많은 사람으로 북적거립니다.
외국인도 많이 옵니다만, 아마 한국 분도 있으리라 생각합니다.
여러 가게가 있고, 정말로 번화하군요.
술집도 많습니다만, 어딘가 들어가지 않겠습니까?
아니요, 그저 보는 것만으로도 즐겁습니다.
마시는 것은 다음 기회에 할까요?
다음에 한 잔 마십시다.
자, 대충 보았습니다만, 어떻습니까?

매우 즐거웠습니다.
新宿는 볼거리가 많군요.
근처에 伊勢丹이라는 유명한 백화점도 있습니다만.
그럼 내일 伊勢丹과 紀伊國屋에 갈까요?

[제9과 대화]

新宿역도 넓군요.
新宿도 사람이 모이는 곳이어서 역의 이용자가 많으니까요.
출구를 찾는 것이 어렵지 않습니까?
저도 가끔 출구를 착각해서 고생했습니다.

일본도 혼자 사는 사람이 많습니까?
젊은 사람이 많은 동경 등은 많을 것입니다.
한국은 어떻습니까?
한국도 같으리라 생각합니다.
특히 젊은 사람의 상당수가 일을 찾아서 서울에 오기 때문에 혼자서 생활할 수밖에 없습니다.
어쩔 수 없습니다만, 혼자서 생활하면 역시 외로울 것입니다.
혼자서 사는 것은 편한 점도 있겠지만, 아플 때 등은 곤란하지요.

[제10과 대화]

우선 熱海행 표를 삽시다.
熱海까지는 얼마입니까?
전철의 종류에 따라 다르지요.
熱海에는 新幹線이 섭니까?
가깝습니다만, 新幹線이 섭니다.
新幹線은 역시 비쌉니까?
비싸지요.
시간은 걸리지만, 新幹線보다 싸고 좋은 전철도 있습니다.
모처럼이니까, 新幹線을 타고 싶네요.
일본은 교통비가 비싸서, 국내 여행에 돈이 꽤 듭니다.
그럼, 외국에서는 엔이 비싸니까, 해외여행 쪽이 좋지 않겠습니까?
그렇습니다. 국내보다 해외여행 쪽이 싸게 드는 일도 있습니다.

[제11과 대화]

저기에 줄 서 있는 것은 新幹線을 타는 사람들입니까?
아, 저것은 자유석을 타는 사람들입니다.
줄을 서지 않으면 탈 수 없는 것입니까?
자유석은 자리가 정해져 있지 않기 때문에, 자리를 잡기 위해서죠.
아, 그래요? 요금도 비싼데 좀 의외네요.

그럼 우리도 줄을 설까요?
우리는 지정석이니까 줄을 서지 않아도 됩니다.
新幹線은 자유석과 지정석의 2종류가 있습니까?
또 하나 그린석이라는 것도 있습니다.
과연, 여러 가지 좌석이 있군요.
한국의 고속철도는 지정석밖에 없습니다만.
KTX지요? 저도 출장 때 타 보았습니다만, 아주 좋았습니다.
新幹線은 열차의 종류가 몇 가지 있습니까?
新幹線은 'こだま'호, 'ひかり'호, 'のぞみ'호 등 여러 가지 있습니다.

[제12과 대화]

熱海와 箱根를 하루에 도는 것은 가능합니까?
버스 투어를 이용하면 불가능할 것도 없습니다.
버스 투어도 명소는 대부분 돌기 때문에 나쁘지 않을 것입니다.
좋네요. 이번에는 그걸로 할까요?
버스 투어는 가이드가 관광지에 대해 설명해 주기 때문에,
그것도 좋습니다.
가이드가 있으면 안심이지요.
게다가, 마지막에는 역 앞에서 해산하기 때문에 동경으로 돌아가는 것도 편리합니다.
熱海는 온천으로 유명한 도시라고 들었습니다만.
熱海를 포함한 이 지역을 伊豆반도라고 합니다만, 좋은 온천이 많습니다.
일본은 좋은 온천이 많아서 부럽습니다.
그런데 이 근처는 지진이 많습니까?
일본은 지진이 많은 나라이기 때문에, 이 근처도 가끔 일어납니다.
한국도 최근에 피해가 날 정도의 지진이 발생하기도 해서 무섭습니다.
다행히 최근에 이 지역에 큰 지진은 일어나지 않았습니다.

[제13과 대화]

깨끗한 바다도 보이고, 이 집에서의 전망은 꽤 좋군요.
벚꽃이 필 때는 더 아름다워집니다.
熱海에는 벚꽃도 많습니까?
많습니다. 그래서 벚꽃 시즌에는 관광객도 많이 옵니다.
그렇습니까? 벚꽃이 피어있는 시기에 한번 와 보고 싶네요.
꼭 와주세요. 新幹線을 이용하면 東京에서 바로이니까요.
감사합니다. 熱海의 멋진 온천과 꽃구경을 꼭 즐기고 싶습니다.
그런데 熱海는 평지가 적은 것처럼 보입니다만.
산 골짜기에 생긴 그런 도시이기 때문에, 평지는 적을 것입니다.
그림과 같은 아름다운 마을이네요.
저기에 보이는 것이 유원지입니다만, 만약 괜찮다면 가 보겠습니까?

지금 가도 늦지 않을까요? 보고 싶습니다만.
시간은 충분할 것입니다.
유원지를 보고 나서 저녁 식사를 하고 싶습니다만, 뭔가 먹고 싶은 것은 없습니까.
특별히 싫어하는 것은 없으니까, 뭐든지 상관없습니다.
그럼 저녁은 초밥집으로 할까요?
좋습니다, 초밥. 유원지를 보는 것도 저녁 식사도 기대가 되는군요.

3~13과 연습문제 해답

[제3과 연습문제]

01. 彼女は先輩です。
02. ここが東京駅です。
03. この花は桜ではありません。
04. ここはタクシー乗り場ではありません。
05. そこが会社の事務室ですか。
06. 空港は羽田ではありませんか。
07. 先生もアメリカ人です。
08. 銀行も郵便局も休みです。
09. あそこが友達の店です。
10. 大学は駅の近くです。

[제4과 연습문제]

01. 今の生活は楽しいです。
02. 家はかなり遠い方です。
03. 韓国の物価もあまり安くない。
04. 電車の乗り換えは難しくないです。
05. 温泉は市内にありません。
06. 今日は店にお客さんがいません。
07. 今日はとてもいい天気ですね。
08. 日本の新幹線は速いですね。

09. 料理はおいしいですが、少し辛いです。
10. 顔は怖いですが、心は優しいです。

[제5과 연습문제]

01. 笑顔が素敵な人です。
02. この仕事は全然危険ではない。
03. 速い音楽はあまり好きではありません。
04. 私は辛い料理が嫌いです。
05. 彼の妹はかわいくて親切です。
06. 学校は駅から遠くて不便です。
07. 空港からホテルまでは近い方です。
08. 授業は月曜日から金曜日まであります。
09. 物価が高いから生活が苦しいです。
10. 外国語が上手だから大丈夫です。

[제6과 연습문제]

01. レポートは先生に出します。
02. みんな日本語を勉強する学生です。
03. 暑いですから水をたくさん飲みましょう。
04. もう少し結果を待ちましょう。
05. 社長は親切で優しい方です。
06. その店は有名でいつも人が並びます。
07. 駅の前で四時に会いましょう。
08. 名前はカタカナで書きます。
09. 夏は短いし、冬は長いです。
10. 学校で英語も習うし、中国語も習います。

[제7과 연습문제]

01. 彼は俳優ではなく有名な歌手です。
02. あの素敵な建物は美術館ではなく図書館です。
03. 彼女は必ず合格すると思います。

04. 彼はスポーツが上手だと言います。
05. 締め切りまでこれから一週間しかありません。
06. 旅行はあきらめるしかないです。
07. 後ろは山で、前は海です。
08. 今から授業で、四時に終わります。
09. 明日学校で集まるんですか。
10. 夏休みは八月に始まるんです。

[제8과 연습문제]

01. 明日一緒に昼ごはんを食べませんか。
02. 彼女の誕生日をうっかり忘れました。
03. 週末は天気がとても良かったです。
04. 日本の交通費はかなり高かったです。
05. 運動だけではやせません。
06. 地震の話は聞くだけで怖いです。
07. 「レモン」という歌は若者たちに人気が高いです。
08. コーヒーが健康にいいという話があります。
09. どこか痛いところはありませんか。
10. 何か社長の態度が変わりました。

[제9과 연습문제]

01. 風邪を引いて、薬を飲んですぐ寝ました。
02. 朝起きてシャワーを浴びて家を出ます。
03. 北海道は明日から雨が降るでしょう。
04. 向こうの状況はまだ大丈夫でしょう。
05. 飛行機で行くと十四時間ぐらいかかります。
06. この道をまっすぐ行くと左に銀行があります。
07. もう時間が遅いので、これで失礼します。
08. 体の具合いが悪かったので早く寝ました。
09. 授業の多い日は疲れます。
10. 給料の少ない仕事も大丈夫です。

[제10과 연습문제]

01. いつか日本の会社で働きたいです。

02. 性能のいいコンピューターが買いたいです。

03. 飛行機から富士山がよく見えます。

04. キムチをおいしく作るこつがありますか。

05. 大雨による洪水の被害も出ました。

06. 使う人の好みによります。

07. 日本のホテルは少し狭いんじゃないですか。

08. 図書館は二階の方が静かじゃないですか。

09. うそをつくことが一番悪いです。

10. たまに妹と喧嘩することがあります。

[제11과 연습문제]

01. 物価が高くて要らないものは買わない。

02. これは秘密なので誰にも話さない。

03. 用事があるので飲み会に行けません。

04. いま出ると電車に乗れると思います。

05. 私は犬一匹と一緒に住んでいます。

06. 台風で木が道路に倒れている。

07. 日本料理ははしを使って食べるものです。

08. 彼は友達と同じものを選びました。

09. そんなに寒くもないのに何人か風邪をひいています。

10. 雪の日は学校に行くのにとても苦労します。

[제12과 연습문제]

01. 久しぶりに彼女と酒を飲んだ。

02. 子供の教育に使ったお金も少なくない。

03. 台風が近づけば飛行機は飛びません。

04. 質問があればいつでも連絡します。

05. 環境問題を研究テーマにしています。

06. 今度の海外旅行は日本にしたいです。

07. 日本人の友達が作文を直してくれました。

08. 部長が車で空港まで送ってくれました 。

09. 日曜日は掃除したり洗濯したりします。

10. 彼は友達にうそをついたりもしました。

[제13과 연습문제]

01. 工場のエレベータは壊れているようだ。

02. 彼はロボットのように働いています。

03. 薬は一日三回食後に飲んでください。

04. 部屋を出るときは必ず電気を消してください。

05. よろしければ、会議は土曜日の午後にしたいです。

06. 希望者が多くなければ可能性は高いです。

07. 彼女は風邪を引いたから授業に来ないだろう。

08. 韓国の若者にも同じ現象が現れるだろう。

09. 次は事前に連絡してから来てください。

10. 子供が生まれてから生活は大きく変わりました。

3~13과 예문 총정리

[제3과]

1. 나는 학생입니다.	私は 学生です。
그는 선생님입니다.	彼は 先生です。
여기가 대학입니다.	ここが 大学です。
거기가 회사입니다.	そこが 会社です。
2. 여기가 학교입니다/이다.	ここが 学校です/だ。
거기가 은행입니다/이다.	そこが 銀行です/だ。
그는 한국인이 아닙니다.	彼は 韓国人では(=じゃ)ありません。
그녀는 일본인이 아닙니다.	彼女は 日本人では(=じゃ)ありません。

3. 저기가 역입니까?	あそこが駅ですか。
화장실은 어디입니까?	トイレは どこですか。
그녀는 유학생입니까?	彼女は 留学生ですか。
그는 친구가 아닙니까?	彼は 友達ではありませんか。
4. 일본도 여름입니다.	日本も 夏です。
중국도 가을입니다.	中国も 秋です。
오늘도 회사입니다.	今日も 会社です。
도서관도 휴일입니다.	図書館も 休みです。
5. 여기가 저의 집입니다.	ここが 私の 家です。
그는 대학교의 선생님입니다.	彼は 大学の 先生です。
그녀는 친구인 하나꼬입니다.	彼女は 友達の 花子です。
이 책은 당신의 것입니까?	この 本は あなたのですか。

[제4과]

1. 한국은 아름답다/답습니다.	韓国は 美しい/です。
한국은 아름다운 나라입니다.	韓国は 美しい 国です。
일본어는 재미있다/있습니다.	日本語は おもしろい/です。
일본어는 재미있는 언어입니다.	日本語は おもしろい 言語です。
그녀는 상냥하다/합니다.	彼女は やさしい/です。
그녀는 상냥한 사람입니다.	彼女は やさしい 人です。
동경의 강은 넓다.	東京の 川は 広い。
동경의 강은 넓지 않다/않습니다.	東京の 川は 広くない/ないです(=ありません)。
맛있는 김치는 맵다.	おいしい キムチは 辛い。
맛있는 김치는 맵지 않다/않습니다.	おいしい キムチは 辛くない/ないです(=ありません)。
일본의 가을은 시원합니다.	日本の 秋は 涼しいです。
일본의 가을은 시원하지 않습니다.	日本の 秋は 涼しくないです(=ありません)。
시골의 물가는 쌉니다.	田舎の 物価は 安いです。
시골의 물가는 싸지 않습니다.	田舎の 物価は 安くないです(=ありません)。
2. 오늘은 시험이 있습니다.	今日は 試験が あります。
대학은 시내에 있습니다.	大学は 市内に あります。
시골에 병원이 없습니다.	田舎に 病院が ありません。

회사에 식당이 없습니다.	会社(かいしゃ)に 食堂(しょくどう)が ありません。
집 안에 개가 있습니다.	家(いえ)の 中(なか)に 犬(いぬ)が います。
마을에 아이가 없습니다.	町(まち)に 子供(こども)が いません。
3. 대학에 연못이 있습니다.	大学(だいがく)に 池(いけ)が あります。
서류는 회사에 있습니다.	書類(しょるい)は 会社(かいしゃ)に あります。
세 시에 수업이 있습니다.	三時(さんじ)に 授業(じゅぎょう)が あります。
약속은 주말에 있습니다.	約束(やくそく)は 週末(しゅうまつ)に あります。
회사에 연락	会社(かいしゃ)に 連絡(れんらく)
리포트는 선생님께	レポートは 先生(せんせい)に
4. 아침은 춥군요.	朝(あさ)は 寒(さむ)いですね。
가게가 많이 있군요.	店(みせ)が たくさん ありますね。
아직 보고는 없네요.	まだ 報告(ほうこく)は ありませんね。
대학에 유학생이 많네요.	大学(だいがく)に 留学生(りゅうがくせい)が 多(おお)いですね。
5. 비가 많습니다만, 피해는 없습니다.	雨(あめ)が 多(おお)いですが、被害(ひがい)は ありません。
집세는 비싸지만, 방은 좋지 않습니다.	家賃(やちん)は 高(たか)いですが、部屋(へや)は よくないです。
그는 제 친구인데, 매우 밝습니다.	彼(かれ)は 私(わたし)の 友達(ともだち)ですが、とても 明(あか)るいです。
한국 과자도 있습니다만, 맛있습니다.	韓国(かんこく)の お菓子(かし)も ありますが、おいしいです。

[제5과]

1. 모두 성실하다/합니다.	みんな まじめだ/です。
모두 성실한 학생입니다.	みんな まじめな 学生(がくせい)です。
이 주변은 조용하다/합니다.	この辺(へん)は しずかだ/です。
이 주변은 조용한 마을입니다.	この辺(へん)は しずかな 町(まち)です。
저 사람은 유명하다/합니다.	あの 人(ひと)は 有名(ゆうめい)だ/です。
저 사람은 유명한 가수입니다.	あの 人(ひと)は 有名(ゆうめい)な 歌手(かしゅ)です。
그녀의 차는 멋지다.	彼女(かのじょ)の 車(くるま)は すてきだ。
그녀의 차는 멋지지 않다/않습니다.	彼女(かのじょ)の 車(くるま)は すてきではない/ないです(ありません)。
외국의 생활은 행복하다.	外国(がいこく)の 生活(せいかつ)は 幸(しあわ)せだ。
외국의 생활은 행복지 않다/않습니다.	外国(がいこく)の 生活(せいかつ)は 幸(しあわ)せではない/ないです(ありません)。
한국은 교통이 편리하다.	韓国(かんこく)は 交通(こうつう)が 便利(べんり)だ。
한국은 교통이 편리하지 않다/않습니다.	韓国(かんこく)は 交通(こうつう)が 便利(べんり)ではない/ないです(ありません)。

여기는 밤도 안전하다. ここは 夜も 安全だ。
여기는 밤도 안전하지 않다/않습니다. ここは 夜も 安全ではない/ないです(ありません)。

2. 아버지는 여행을 좋아합니다. 父は 旅行が 好きです。
어머니는 여행을 싫어합니다. 母は 旅行が 嫌いです。
겨울을 가장 좋아합니다. 冬が 一番 好きです。
여름을 가장 싫어합니다. 夏が 一番 嫌いです。
남동생은 야구를 아주 좋아합니다. 弟は 野球が 大好きです。
여동생은 야구를 아주 싫어합니다. 妹は 野球が 大嫌いです。

3. 그녀는 상냥하고 친절합니다. 彼女は 優しくて 親切です。
지진이 많아서 조금 무섭습니다. 地震が 多くて 少し 怖いです。
역이 가까워서 집세는 비쌉니다. 駅が 近くて 家賃は 高いです。
일이 어려워서 머리가 아픕니다. 仕事が 難しくて 頭が 痛いです。

4. 銀座는 여기부터입니다. 銀座は ここからです。
휴일은 내일까지입니다. 休みは 明日までです。
레벨은 1에서 5까지입니다. レベルは 一から 五までです。
시험은 오늘부터 모레까지입니다. 試験は 今日から 明日までです。

5. 밤에도 안전하기 때문에 괜찮습니다. 夜も 安全だ(です)から 大丈夫です。
모두 어린이이기 때문에 불안합니다. みんな 子供だ(です)から 不安です。
그는 노래를 잘해서 좋아합니다. 彼は 歌が うまい(です)から 好きです。
근처에 편의점이 있어서 편리합니다. 近くに コンビニが ある(あります)から 便利です。

[제6과]

1. 여름은 비가 내린다. 夏は 雨が 降る。
집에서 TV를 본다. 家で テレビを 見る。
또 찬스는 온다. また チャンスは 来る。
방에서 컴퓨터를 한다. 部屋で コンピュータを する。
봄에는 꽃이 핀다/핍니다. 春は 花が 咲く/咲きます。
교실은 2층에 있다/있습니다. 教室は 二階に ある/あります。
오늘은 밖에서 먹겠다/먹겠습니다. 今日は 外で 食べる/食べます。
친구는 밤 늦게 온다/옵니다. 友達は 夜 遅く 来る/来ます。
매일 아침 신문을 읽습니다. 毎朝 新聞を 読みます。

가끔 일본 영화를 봅니다. たまに 日本の 映画を 見ます。
정원에 피는 꽃은 예쁩니다. 庭に 咲く 花は きれいです。
내일 보는 시험은 회화입니다. 明日 受ける 試験は 会話です。
최근에 보는 드라마는 재미있습니다. 最近 見る ドラマは おもしろいです。
인터넷을 사용하는 사람이 많습니다. インターネットを 使う 人が 多いです。

2. 더우니까 조금 쉽시다. 暑いから 少し 休みましょう。
내일은 9시에 만납시다. 明日は 九時に 会いましょう。
밖은 시원하니 창문을 엽시다. 外は 涼しいから 窓を 開けましょう。
시간이 있으니까 30분정도 걸읍시다. 時間が あるから 三十分 ぐらい 歩きましょう。

3. 주말은 조용하고 사람도 적습니다. 週末は 静かで 人も 少ないです。
모두 성실하고 일도 열심입니다. みんな 真面目で 仕事も 熱心です。
술을 좋아해서 친구와 자주 마십니다. 酒が 好きで 友達と よく 飲みます。
이 병원은 유명해서 환자가 많습니다. この病院は 有名で 患者が 多いです。

4. 백화점에서 쇼핑을 합니다. デパートで 買い物を します。
주말은 집에서 드라마를 봅니다. 週末は 家で ドラマを 見ます。
언제나 스마트폰으로 사진을 찍습니다. いつも スマホで 写真を 撮ります。
때때로 학교까지 자전거로 갑니다. 時々 学校まで 自転車で 行きます。
가끔 아이들은 감기로 결석합니다. たまに 子供たちは 風邪で 欠席します。
매년 태풍으로 피해가 많이 납니다. 毎年 台風で 被害が たくさん 出ます。

5. 그는 돈도 있고 능력도 있습니다. 彼は お金も ある/ありますし、能力も あります。
차는 맛있고, 건강에도 좋습니다. お茶はおいしい/おいしいですし、健康にもいいです。
시골은 물도 깨끗하고, 경치도 좋습니다. 田舎は水も きれいだ/きれいですし、景色もいいです。
오늘은 휴일이고 오는 손님도 없습니다. 今日は 休みだし/ですし、来る お客さんもいません。

[제7과]

1. 토마토는 과일이 아니라 야채입니다. トマトは 果物ではなく 野菜です。
그는 회사원이 아니라 공무원입니다. 彼は 会社員ではなく 公務員です。
이 전철은 급행이 아니라 특급입니다. この電車は 急行ではなく 特急です。
서점은 공원의 앞이 아니라 뒤에 있습니다. 本屋は 公園の 前ではなく 後ろに あります。

2. 시험에는 합격으로 보입니다. 試験には 合格と 見えます。
이 한자는 梅雨라고 읽습니다. この 漢字は 梅雨と 読みます。

범인의 이야기는 거짓이라고 생각합니다.
犯人の 話は うそだと 思います。

완성까지 시간이 걸린다고 말합니다.
完成まで 時間が かかると 言います。

3. 이미 방법은 하나밖에 없습니다.
もう 方法は 一つしか ないです。

시합은 중지할 수밖에 없습니다.
試合は 中止するしか ありません。

음료는 주스밖에 없습니다.
飲み物は ジュースしか ありません。

거기는 택시로 갈 수밖에 없습니다.
そこは タクシーで 行くしか ないです。

4. 오른쪽은 바다고, 왼쪽은 산입니다.
右は 海で、左は 山です。

이번 주는 휴일로, 일이 없습니다.
今週は 休みで、仕事が ありません。

내일이 마감으로, 시간이 없습니다.
明日が 締め切りで 時間が ありません。

그는 유명한 작가로, 출신은 大阪입니다.
彼は 有名な 作家で、出身は 大阪です。

5. 모두 싸기 때문에 사는 겁니다.
みんな 安いから 買うのです。

사장님도 회의에 오는 거로군요.
社長も 会議に 来るんですね。

이 한자는 이렇게 쓰는 겁니다.
この 漢字は こう 書くんです。

내일은 아버지의 생일입니다.
明日は 父の 誕生日なのです。

[제8과]

1. 최근에는 눈도 내리지 않습니다.
最近は 雪も 降りません。

아버지는 술을 그다지 마시지 않습니다.
父は 酒を あまり 飲みません。

이제 그녀와는 두 번 다시 만나지 않겠습니다.
もう 彼女とは 二度と 会いません。

더 이상 상대방의 답을 기다리지 않겠습니다.
これ以上 向こうの 返事を 待ちません。

시합의 결과는 텔레비전에서 봤습니다.
試合の 結果は テレビで 見ました。

교과서 내용을 전부 외웠습니다.
教科書の 内容を 全部 覚えました。

그는 지난주 친구와 일본에 갔습니다.
彼は 先週 友達と 日本に 行きました。

어제는 하루 종일 도서관에서 공부했습니다.
昨日は 一日中 図書館で 勉強しました。

2. 이번 수학여행은 즐거웠다.
今度の 修学旅行は 楽しかった。

옛날에는 농촌도 인구가 많았다.
昔は 農村も 人口が 多かった。

겨울 바다는 꽤 추웠습니다.
冬の 海は かなり 寒かったです。

저녁노을의 경치는 훌륭했습니다.
夕焼けの 景色は 素晴らしかったです。

3. 이 병은 약만으로 낫습니다.
この病気は 薬だけで 治ります。

이번 시험에 친구만이 떨어졌습니다.
今度の 試験に 友達だけが 落ちました。

주문은 버튼을 누르는 것만으로 끝입니다.
注文は ボタンを 押すだけで 終わりです。

가족의 사진을 보는 것만으로도 행복합니다.	家族の 写真を 見るだけでも 幸せです。
4. 히어로라는 일본 드라마를 봤습니다.	HEROという 日本の ドラマを 見ました。
高橋씨 라는 분으로부터 전화가 왔습니다.	高橋さんという 方から 電話が 来ました。
일은 6시까지라고 하는 규칙이 있습니다.	仕事は 6時までだという 規則が あります。
그는 차가 밀려서 조금 늦는다는 연락입니다.	彼は 渋滞で 少し 遅れるという 連絡です。
5. 어딘가 맛있는 가게를 찾읍시다.	どこか おいしい 店を 探しましょう。
무언가 좋은 아이디어는 없습니까?	何か いい アイディアは ないですか。
왠지 그녀의 얼굴색이 좋지 않습니다.	なぜか 彼女の 顔色が よくないです。
언젠가 행복한 날이 오리라 생각합니다.	いつか 幸せな 日が 来ると 思います。

[제9과]

1. 약을 먹고 일찍 잤습니다.	薬を飲んで早く寝ました。
한국이 이겨서 기뻤습니다.	韓国が勝って嬉しかったです。
그녀는 강을 헤엄쳐 건넜습니다.	彼女は川を泳いで渡りました。
텔레비전을 끄고 숙제를 했습니다.	テレビを消して宿題をしました。
도서관에서 책을 빌려 왔습니다.	図書館で本を借りて来ました。
전화를 걸어 장소를 확인했습니다.	電話をかけて場所を確認しました。
일본에 와서 겨우 알았습니다.	日本に来てやっとわかりました。
대학원에 진학해서 공부를 계속합니다.	大学院に進学して勉強を続けます。
2. 저 선수도 시합에 나올 것입니다.	あの選手も試合に出るでしょう。
저 선수도 시합에 나오겠지요?	あの選手も試合に出るでしょう。
그렇게 어려운 일이 아닐 것입니다.	そんなに難しい仕事ではないでしょう。
그렇게 어려운 일이 아니죠?	そんなに難しい仕事ではないでしょう。
그는 틀림없이 성공해서 돌아올 것입니다.	彼はきっと成功して帰ってくるでしょう。
최근의 드라마는 꽤 재미있죠?	最近のドラマはなかなか面白いでしょう。
3. 봄이 되면 벚꽃이 핍니다.	春になると、桜の花が咲きます。
버튼을 누르면 잔돈이 나옵니다.	ボタンを押すと、お釣りがでます。
그는 술을 마시면 바로 취합니다.	彼は酒を飲むとすぐ酔います。
매운 것을 먹으면 땀을 흘립니다.	辛いものを食べると汗をかきます。
집에 돌아가자 아무도 없었다.	家に帰るとだれもいなかった。
방에 들어가자 귀여운 강아지가 있었다.	部屋に入るとかわいい子犬がいた。

내년에 둘은 부부가 됩니다.	来年二人は夫婦になります。
요금은 4만 8천円이 되겠습니다.	料金は四万八千円になります。
4. 볼 일이 있어서 이만 실례하겠습니다.	用事があるのでこれで失礼します。
몸이 약해서 술은 그다지 마시지 않습니다.	体が弱いので酒はあまり飲みません。
이 옷은 화려해서 저에게는 안 어울립니다.	この服は派手なので私には似合いません。
오늘 엄마 생일이어서 케이크를 샀습니다.	今日母の誕生日なのでケーキを買いました。
5. 위험이 많은 일은 안 됩니다.	危険の多い仕事はだめです。
수업이 없는 날은 아르바이트를 합니다.	授業のない日はバイトをします。
엄마가 만드는 요리는 맛있습니다.	母の作る料理は美味しいです。
꽃이 피는 봄은 매우 아름답습니다.	花の咲く春はとてもきれいです。

[제10과]

1. 일본의 대학에 들어가고 싶습니다.	日本の大学に入りたいです。
장래에는 미국에 살고 싶습니다.	将来はアメリカに住みたいです。
오랜만에 냉면이 먹고 싶습니다.	久しぶりに冷麺が食べたいです。
분위기가 좋은 직장에서 일하고 싶습니다.	雰囲気のいい職場で働きたいです。
2. 보통은 밤에 늦게 끝납니다.	普段は夜遅く終わります。
여름은 장마가 길게 계속됩니다.	夏は梅雨が長く続きます。
어린이는 매일 즐겁게 놀았습니다.	子供は毎日楽しく遊びました。
친구와는 친하게 지냅시다.	友だちとは親しく付き合いましょう。
3. 최근에는 태풍에 의한 피해도 많습니다.	最近は台風による被害も多いです。
지진에 의한 해일의 우려는 없습니다.	地震による津波の心配はありません。
무엇을 사용할지는 때와 장소에 따라 다릅니다.	何を使うかは時と場所によります。
가격의 차이는 물건의 종류에 따라 다릅니다.	値段の差は品物の種類によります。
4. 그의 의견이 맞지 않습니까?	彼の意見が正しいじゃないですか。
담배는 건강에 나쁘지 않습니까?	タバコは健康に悪いんじゃないですか。
그래서 당신을 오해한 것 아니겠습니까?	それであなたを誤解したんじゃないですか。
늦게 가면 부모님이 걱정하지 않겠습니까?	遅く帰ると両親が心配するんじゃないですか。
5. 자세한 것은 나중에 설명하겠습니다.	詳しいことは後で説明します。
감기에는 쉬는 것이 중요합니다.	風邪には休むことが大事です。
국민을 지키는 일은 나라의 책임입니다.	国民を守ることは国の責任です。

일은 미리 준비하는 것이 중요합니다. 仕事は前もって準備することが重要です。

[제11과]

1. 그는 좀처럼 감기에 걸리지 않는다. 彼はめったに風邪を引かない。
   남에게 폐를 끼치지 않는 것이 중요합니다. 人に迷惑をかけないのが大事です。
   그녀와는 이제 두번 다시 만나지 않겠다. 彼女とはもう二度と会わない。
   앞으로 암호화폐에는 손을 대지 않겠다. これから暗号資産には手を出さない。
2. 역에서 걸어서 갈 수 있는 거리입니다. 駅から歩いて行ける距離です。
   그녀는 일본어와 영어를 말할 수 있습니다. 彼女は日本語と英語が話せます。
   유튜브로 일본 음악을 들을 수 있습니다. ユーチューブで日本の音楽が聞けます。
   백신을 접종한 날도 일을 할 수 있습니까? ワクチンを接種した日も働けますか。
   내용을 주의해서 읽지 않으면 안됩니다. 内容を注意して読まないといけません。
   오늘중으로 레포트를 내지 않으면 안 됩니다. 今日中にレポートを出さないといけません。
3. 둘은 도서관에서 논문을 쓰고 있습니다. 二人は図書館で論文を書いています。
   여성이 사회에서 큰 활약을 하고 있습니다. 女性が社会で大きな活躍をしています。
   중요한 문화재가 없어졌습니다. 重要な文化財がなくなっています。
   시력이 약해져서 안경을 쓰고 있습니다. 視力が衰えて眼鏡をかけています。
   사전에서「사랑」이라는 단어를 찾아보았습니다. 辞書で「愛」という言葉を引いてみました。
   나도 도전해 보았습니다만, 안됐습니다. 私もチャレンジしてみましたが、だめでした。
4. 헌책방에서 재미있는 것을 발견했습니다. 古本屋でおもしろいものを見つけました。
   친구로부터 맡은 것은 이 트렁크입니다. 友達から預かったものはこのトランクです。
   일에는 순서라고 하는 것이 있습니다. 仕事には順序というものがあります。
   지진은 언제 일어날지 모르는 것입니다. 地震はいつ起きるか分からないものです。
   사람을 만나면 인사 정도는 하는 법입니다. 人に会うと挨拶ぐらいはするものです。
   사람이 곤란해하고 있을 때는 돕는 법입니다. 人が困っているときは助けるものです。
5. 어제까지는 날씨가 좋았는데 오늘은 비로군요. 昨日までは天気がよかったのに今日は雨ですね。
   모두 걱정하고 있는데 그 혼자만이 태평하게 있습니다. みんな心配しているのに彼一人だけが平気でいます。
   휴일날인데 공부하는 사람들로 도서관에는 자리가 없었다. 休みの日なのに勉強する人で図書館には席がなかった。
   이것은 전기를 만드는데 필요한 기계입니다. これは電気をつくるのに必要な機械です。

[제12과]

1. 비에 젖어 감기에 걸렸다. 雨に濡れて風邪をひいた。
   대학에 들어가기 위해 매일 학원에 다녔다. 大学に入るために毎日塾に通った。
   버스에서 내렸을 때 그것을 떠올렸다. バスから降りた時にそれを思い出した。
   그녀 대신에 내가 손님을 안내했다. 彼女の代りに私がお客さんを案内した。
2. 2에 2를 더하면 4가 된다. 二に二を足せば四になる。
   기온이 오르면 꽃이 핍니다. 気温が上がれば花が咲きます。
   전철을 타면 한 시간에 갈 수 있습니다. 電車に乗れば一時間で行けます。
   이 버튼을 누르면 벨이 울립니다. このボタンを押せばベルがなります。
3. 점심은 무엇으로 하겠습니까? 昼ごはんは何にしますか。
   라면이나 쯔께면으로 하고 싶습니다. ラーメンかつけ麺にしたいです。
   호텔은 역 근처로 했습니다. ホテルは駅の近くにしました。
   동생은 책을 베개 삼아 자고 있습니다. 弟は本を枕にして寝ています。
   내용보다 형식을 문제 삼고 있습니다. 内容より形式を問題にしています。
4. 모르는 사람이 도와주었습니다. 知らない人が助けてくれました。
   생활비를 부모님이 보내 줍니다. 生活費は両親が送ってくれます。
   언니는 내 고민을 잘 들어 줍니다. 姉は私の悩みをよく聞いてくれます。
   틀림없이 경찰이 찾아주리라 생각합니다. きっと警察が探してくれると思います。
5. 영화를 보며 웃기도 하고 울기도 했습니다. 映画を見て笑ったり泣いたりしました。
   결석하거나 지각하거나 해서는 안 됩니다. 欠席したり遅刻したりしてはいけません。
   그녀는 약한 친구를 괴롭히기도 했습니다. 彼女は弱い友達を虐めたりもしました。
   한가할 때는 일본 드라마를 보거나 합니다. 暇なときは日本のドラマを見たりします。

[제13과]

1. 백신 개발은 성공인 것 같습니다. ワクチン開発は成功のようです。
   마치 천국과 같은 근사한 나라입니다. まるで天国のように素敵な国です。
   서울처럼 훌륭한 도시를 만들겠습니다. ソウルのように立派な都市を作ります。
   먼저 도착한 것은 그인 것 같다. 先に着いたのは彼のようだ。
   그는 오늘도 결석이었던 것 같다. 彼は今日も欠席だったようだ。
   그는 매일같이 술을 마시는 것 같다. 彼は毎日のように酒を飲むようだ。
   지난 주 둘은 돈가스를 먹은 것 같다. 先週二人はとんかつを食べたようだ。

시골의 부모님은 외로운 것 같다.	田舎の両親はさびしいようだ。
이번 선거는 힘들었던 것 같다.	今回の選挙はきびしかったようだ。
일본의 전철은 편리한 것 같습니다.	日本の電車は便利なようです。
이번 지진에는 무사한 모양입니다.	今回の地震では無事のようです。
시험 결과는 안 된 것 같습니다.	試験の結果は駄目だったようです。
2. 열쇠는 프론트에 맡기십시오.	鍵はフロントに預けてください。
이제 늦었으니 빨리 돌아가십시오.	もう遅いから早く帰ってください。
재미있는 책이 있으면 빌려 주십시오.	面白い本があれば貸してください。
밖에 나갈 때에는 마스크를 해주십시오.	外に出る時はマスクをしてください。
3. 상태가 안 좋으면 쉬어도 좋습니다.	具合いが悪ければ休んでもいいです。
상황이 괜찮다면 또 오고 싶습니다.	都合がよければまた来たいと思います。
방해가 되지 않는다면 나도 듣고 싶습니다.	邪魔にならなければ私も聞きたいです。
이 섬은 비행기가 아니면 갈 수 없습니다.	この島は飛行機でなければ行けません。
4. 경기는 조금씩 회복될 것이다.	景気は少しずつ回復するだろう。
유도 금메달은 틀림없을 것이다.	柔道の金メダルは間違いないだろう。
이 가게 케이크는 맛있지?	この店のケーキは美味しいだろう。
너도 이미 이 뉴스는 들었지?	君もすでにこのニュースは聞いただろう。
5. 아들은 밥을 먹고 나서 바로 나갔습니다.	息子はご飯を食べてからすぐ出かけた。
놀러 가는 것은 일이 끝나고 나서이다.	遊びに行くのは仕事が終わってからだ。
그녀가 생기고 나서 그의 성격이 변했습니다.	彼女ができてから彼の性格が変わりました。
미국에 건너온 지 벌써 10년이 됩니다.	アメリカに渡ってからもう十年になります。

저자약력

송수진

인하대학교 문학박사(일본어학 전공)
인하대학교 일본언어문화학과 초빙교수, 강사
한국일본언어문화학회 편집이사, 편집위원회 간사
(일본)文教大学 객원연구원

[논문]

■ 한국

・「「わけだ」文と「はずだ」文の意味の違いについて」『日本言語文化』第27輯, 2013, 韓国日本言語文化学会(공저)
・「疑問文に現れる「わけ」について」『日本言語文化』第33輯, 2015, 韓国日本言語文化学会(공저)
・「モダリティ形式の韓国語訳について－「わけだ」を中心に－」『日本言語文化』第41輯, 2017, 韓国日本言語文化学会(공저)
・「日韓両国における放送の言語使用の様相」『日本言語文化』第45輯, 2018, 韓国日本言語文化学会
・「한국의 일본어문법교재에 나타나는「わけだ」의 교육에 관하여」『日本言語文化』第49輯, 2019, 韓国日本言語文化学会
・「대학 일본어 교양교육 교재에 나타나는 조건표현에 관하여」『日本言語文化』第54輯, 2021, 韓国日本言語文化学会(공저)
・「학술지 논문심사제도에 대하여－『日本言語文化』의 분석을 통해서－」『日本言語文化』第57輯, 2021, 韓国日本言語文化学会
・「韓国の高校・大学の日本語教育テキストにおける「わけだ」の分析」『日本言語文化』第58輯, 2022, 韓国日本言語文化学会
・「単独動詞と「とり＋単独動詞」の意味関係について」『日本言語文化』第63輯, 2023, 韓国日本言語文化学会(공저)

■ 일본

・「椙山女学園大学文化情報学部における韓国研修－2015年度、2017年度の取り組みと今後－」『文化情報学部紀要』第18巻, 2019, 椙山女学園大学文化情報学部
・「韓国語研修をめぐる新たな課題と対処－二国間関係の悪化と感染症拡大をめぐって－」『文化情報学部紀要』第20巻, 2020, 椙山女学園大学文化情報学部

[번역서]

・『女学生』 赤川二郎 著, 牟世鍾・宋洙珍 訳, 2008, 語文学社
・『美女』 連城三紀彦 著, 牟世鍾・宋洙珍 訳, 2011, 語文学社

(개정판)
めざす 日本語 1

초 판 발행 2022년 02월 28일
개정판 발행 2024년 02월 29일

저 자 송수진
발 행 인 윤석현
발 행 처 제이앤씨
책임편집 최인노
등록번호 제7-220호

우편주소 서울시 도봉구 우이천로 353 성주빌딩
대표전화 02) 992 / 3253
전 송 02) 991 / 1285
홈페이지 http://jncbms.co.kr
전자우편 jncbook@hanmail.net

ISBN 979-11-5917-242-7 13730 정가 16,000원